改革试管：蛇口

彭庆元 著

·深圳·

图书在版编目（CIP）数据

改革试管：蛇口 / 彭庆元著. — 深圳：海天出版社，2020.8

（深圳地标）

ISBN 978-7-5507-2849-3

Ⅰ.①改… Ⅱ.①彭… Ⅲ.①工业区—概况—深圳 Ⅳ.①F427.653

中国版本图书馆CIP数据核字(2020)第016903号

改革试管：蛇口

GAIGE SHIGUAN:SHEKOU

出 品 人	聂雄前
策划编辑	韩海彬
责任编辑	韩海彬
	何旭升
责任技编	梁立新
装帧设计	斯迈德设计 0755-8314 4228

出版发行	海天出版社
地　　址	深圳市彩田南路海天综合大厦（518033）
网　　址	www.htph.com.cn
订购电话	0755-83460239（邮购、团购）
排版制作	深圳市斯迈德设计企划有限公司（0755-83144228）
印　　刷	深圳市希望印务有限公司
开　　本	787毫米×1092毫米　1/32开
印　　张	9.25
字　　数	71千
版　　次	2020年8月第1版
印　　次	2020年8月第1次
定　　价	38.00元

海天版图书版权所有，侵权必究。

海天版图书凡有印装质量问题，请随时向承印厂调换。

编委会

主　　任　杨立勋　尹昌龙
执行主编　聂雄前　于志斌

序 言

蛇口，顾名思义亦即灵蛇之口。作为一个地方名称，不知道它当初是何人所取？因何所赐？有何来历？查遍所有典籍、方志，均无记载。直至在1990年出版的一本《南头风物》上，才查有"南头半岛，南高宽，北低窄，形似出洞的蛇头，半岛南端东角头至赤湾山之东部海岸，酷似张开的蛇口，古今称此地为'蛇口'，其意在此"的记载。以此索源，才又在《宝安县志》上检索到"1953年7月，根据地理环境，全县行政区划又做了调整：增划2个渔民乡：一个是蛇口，归属第五区……"后历宝安县辖西海（蛇口水产）人民公社、南头区辖蛇口人民公社各个阶段。1979年1月，蛇口公社隶深圳市南头区。是年初，蛇口公社划出陆地面积2.14平方公里兴建招商局蛇口工业区。

蛇口工业区横跨蛇口、招商两个街道办事处范围。因街道位于蛇口，亦为原蛇口公社所在地，故名蛇口街道。它地处半岛蛇口湾，有东角头渔港、蛇口渔港。而招商街道为招商局蛇口工业区所在地。有蛇口、赤湾两大深水港，平南铁路贯穿南北，蛇口客运码头直通香港、珠海和海口，有海上世界、赤湾天后宫、宋少帝陵等著名的自然与人文景观。

1979年3月经国务院批准，宝安县改为深圳市。1980年全国人大常委会正式批准确定了在深圳市划出深圳、沙头角、南头、蛇口等处共327.5平方公里的地方，作为深圳经济特区。蛇口的名字才逐渐被外界所熟悉。1978年香港招商局常务副董事长袁庚到北京向李先念副总理汇报时，因为内地出版的地图上找不到"蛇口"这个地名，拿的还是香港出版的地图。

"蛇口，在宝安县的南头半岛上，上颚有座山，下颚有座山，中间有个湾，看上去就像一条蛇昂着头，张着大口。别被这个名字吓着了，蛇口是个好地方，那里有绵绵细沙的海滩，海滩上有风吹瑟瑟的树林。你们有谁去过夏威夷吗？蛇口，美得就像夏威夷一样！"

无论在香港招商局干部会议上，还是在接见外聘外招的员工科技干部大会上，袁庚都是这样热情而温暖地介绍蛇口。蛇口，这块改革开放的热土，这个梦开始的序章，就这样被千万人记住和传颂。

东方风来满眼春。1979年7月8日，中国内地第一个出口加工工业区破土开建，蛇口炸响的第一炮被称为"中国改革开放的开山第一炮"。

自1979年开始开发建设的蛇口，是中国改革开放的发端之地。蛇口人以"敢为天下先"的精神所做的一系列实践，已经成为中国发展历史上重要的里程碑。"时间就是金钱，效率就是生命"，"空谈误国，实干兴邦"，就是我们的精神坐标；海上世界、女娲补天，就是我们的伟岸地标。让我们永远记住它们，不忘初心，砥砺前行！

目 录

第一章	海上世界	001
第二章	时间就是金钱　效率就是生命	010
第三章	女娲补天	017
第四章	南海酒店	024
第五章	蛇口邮轮母港	030
第六章	盖世金牛	037
第七章	南海意库	044
第八章	育才学校	050
第九章	中国改革开放蛇口博物馆	058
第十章	袁　庚	064
第十一章	蛇口渔港	070
第十二章	深圳湾跨海大桥	076

第十三章	风雨伶仃洋	084
第十四章	蛇口,那一片湛蓝的海	091
第十五章	赤湾天后宫	098
第十六章	"辞沙"祭妈祖大典	105
第十七章	赤湾宋少帝陵	112
第十八章	赤湾左炮台	119
第十九章	蛇口国际学校	126
后　记		134

第一章 海上世界

"你去过海上世界吗?那可是中国改革开放的一个标志啊!走,我带你去看看!"大凡有朋自远方来深圳,热情的主人总会发出这样的邀请。

海上世界景区位于蛇口希尔顿南海酒店(原南海酒店)东北侧,由法国总统戴高乐乘坐的豪华邮轮(原名ANCEEVILLA)改建而成。船高9层,长168米,宽21米,排水量为14000吨。该邮轮拥有263间客房,可供500多人同时就餐的大餐厅、2个游泳池、2个酒吧间、200多个海员床位。

"ANCEEVILLA"自1962年8月7日法国总统戴高乐剪彩下水后,一直航行在地中海沿岸的法国马赛和北非卡萨布兰卡之间。1973年4月7日,法国把"ANCEEVILLA"卖给了中国广州远洋运输公司,同时船名改为"明华轮"。自1973年开始,明华轮一直运送中华人民共和国援助坦桑尼亚等国的建设工作人

铁锚上岸落地,海上世界坐滩

员。它满载中国人民的友谊,穿越马六甲海峡,横越太平洋,直到1978年为止。

1979年5月,中国访日代表团团长廖承志率领代表团乘明华轮到日本访问。明华轮把中国人民的友谊带到东京、大阪等日本港口,受到热烈欢迎。后广州远洋运输公司把明华轮租给中澳合作经营的五星航运代理股份有限公司,从此明华轮的航海史上又掀开了新的一页。几年间,明华轮穿梭航行,西到新加坡,南到新西兰,东到美国夏威夷,北到中国天津,成为驰名中外、吸引游客的豪华游轮。1983年8月,明华轮从日本横滨到中国上海,完成了明华轮航海史上第68次也是最后一次航行。

1983年,蛇口工业区从中国远洋广州分公司购入明华轮,蛇口工业区买船的初衷是:提供一站式的

明华轮英姿

早期的海上世界

食宿与游乐设施，留住那些原本早出晚归的香港商人。而广州远洋运输公司亦同意把"退休"的明华轮调拨给蛇口工业区，以供蛇口工业区将船改造为酒店和娱乐场所。同年8月27日，明华轮抵达深圳蛇口海域，交通部四航局花了三个半月时间才将它拖进六湾。坐滩之后的明华轮再没有挪动半米，但它的生命和航程从此变成了无限。

时序至1983年年尾，明华轮经过一段时间紧张的改造与装修，将正式投入使用，并计划于1984年2月春节期间正式营业。但惜乎没有一个叫得响的名字。

1983年12月末的一天，明华轮首任总经理王潮梁突然接到通知：明年1月26日有一级接待任务，正在深圳视察的邓小平同志要来参观，务必做好接待和保卫工作。王潮梁和员工们欣喜若狂,他们加紧布置,船上岸上摆满鲜花,全体员工定制了崭新制服,一派喜庆景象。

1984年1月26日上午9点15分,中国改革开放的总设计师邓小平来到蛇口工业区办公大楼,听取有关人员的汇报。大约11时,邓小平同志登上明华轮,来到餐厅就餐。这时,明华轮副总经理赵艳华上前请邓小平同志题词。没想到小平同志欣然应允,并问写什么。王潮梁脱口而出:海上世界。邓小平当即挥毫泼墨,写下"海上世界"四个遒劲有力的大字,"海上世界"的船名也由此诞生。为了纪念这个光辉

20世纪80年代中期明华轮已坐滩靠岸

的日子，1984年1月26日也被确定为"海上世界"正式开业的日期。也是在这一天，邓小平同志肯定了蛇口工业区建设的成绩，并为深圳经济特区题词："深圳的发展和经验证明，我们建立经济特区的政策是正确的。"本来，邓小平为深圳经济特区的题词日期实际上是1984年1月29日，但题词落款的时间却是1984年1月26日。这说明小平同志在蛇口视察时，已经高度肯定了蛇口工业区的建设成就。历史的瞬间在此刻永恒。

"海上世界"是当时中国最大的海上游乐船，也

邓小平为海上世界题字

改造中的海上世界广场

是中国第一座由大型邮轮改建成的旅游中心。船上有电影院、舞厅、酒吧间、游泳池、娱乐场、健身房、台球室、图书馆、餐厅、医院等生活娱乐设施,有分为6个等级的200多间客房,共600多个床位。所有房间都设有空调,前后甲板都铺着人造草坪,气象非同一般。

1984年国庆,载有"时间就是金钱,效率就是生命"标语的"海上世界"模型彩车,在天安门广场前接受党和国家领导人的检阅。"海上世界"也一下子成为深圳的城市名片。

1989年,明华轮的南侧又建造了《女娲补天》雕塑与海滨浴场,海上世界开始向海上拓展,一个以其为核心的城市客厅初步呈现出来。

"没有来过海上世界,等于没有来过深圳。"——这句话,也就成了许多深圳旅游从业者生动的宣传广告词。

从明华轮到海上世界,这艘船历经几度兴衰,它毫无疑义地成为中国改革开放进程中的传奇和历史坐标。

2004年8月22日,正值邓小平同志百年诞辰之际,一首歌颂改革开放、纪念邓小平同志的歌曲《永远的思念——为邓小平"海上世界"题词而歌》在中央电视台唱响:

新海上世界

那一年你乘船走出蜀水巴山,
从此一生在风浪中颠簸周旋。
双桨推开历史巨浪,
长篙轻点日月山川。
闯过多少急流,
绕过多少险滩。
征途上历经多少艰难坎坷,
风雨中从容淡定坚毅如山。
啊,情怀不变,思念永远,
引领着人民勇往直前!

那一年你登上南海边那艘大船,
从此中国开辟了一条崭新的航线。
改革开放汽笛长鸣,
万里神州破浪扬帆。
长江流入大海,
黄河走向蔚蓝。
古老的华夏传遍春天的故事,
老百姓绽开了灿烂的笑颜。
啊,情怀不变,思念永远,
你的名字是人民心中千秋万代的挂念!

第二章
时间就是金钱 效率就是生命

中国改革开放的历史进程波澜壮阔,作为"试管"的蛇口工业区先行先试,突飞猛进。在其发展进程中,曾诞生过许许多多突破思想束缚、催人奋进革新的口号,"时间就是金钱,效率就是生命"就是其中最瞩目的口号,折射出"发展就是硬道理""追求效率"的理念,是经济特区突破重重阻力、杀出一条血路的集中体现。深圳经验最重要的一条,就是敢闯敢做、敢探索的"敢为天下先"。因而,在诸多激励人心、鼓舞人们向前的口号中,"时间就是金钱,效率就是生命"犹如一道闪电,划破长空,流传久远;时至今日,仍然振聋发聩,催人奋进。

熟知此事的蛇口早期开发建设者谭筑熙,向大家介绍了口号的提出与发展过程。

1981年春,面对蛇口工业区艰巨的开发建设任务和重重困难,袁庚在思考和寻找能激发蛇口人建设的警句格言,想归纳、提炼最能表达其意愿和鼓舞人心的口号。

3月下旬的一天上午,袁庚召开蛇口工业区建设指挥部领导人会议,并首先发言。他针对工业区建设中存在的问题和遇到的困难,指出要在建设层面上做工作,更新职工的思想观念,明确工作的指导原则。他随即提出了六句口号:"时间就是金钱,效率就是生命,顾客就是皇帝,安全就是法律,事事有人管,人人有事管",并且做了解释。大家表示赞同。会

"时间就是金钱,效率就是生命"标语牌

后,袁庚让许智明落实口号上墙的事,并找旅游公司一美工,在一块三合板上用油漆红底白字写上"时间就是金钱,效率就是生命"两句话,竖立在蛇口工业区建设指挥部所在地。

1981年11月底,根据袁庚指示,蛇口工业区办公室负责宣传的彭谭光又做了一块一人多高的大木牌,并亲手写上"时间就是金钱,效率就是生命!事事有人管,人人有事管!"的标语,白底红字,分外亮眼。其后,标语牌由参加圆坛庙培训中心的工业区第一期企业管理培训班的6位学员扛到微波山下竖立起来。

1982年3月28日,国务院副总理谷牧乘船到蛇口工业区视察。他乘车经过微波山下路口时,发现了"时间就是金钱,效率就是生命"的标语牌。他一边看一边念。袁庚说:"写这标语时我就准备'戴帽子'的,有人说这是资本主义的口号。"听了此话,谷牧笑了。

1982年11月22日,《深圳特区报》头版发表记者原卿有采写的题为《从南山到大鹏湾——各省市外贸代表团参观深圳纪行》的报道。文中写道:"日程表上第一站是蛇口工业区……下得山来,代表们为一幅巨型标语所吸引,不由得停下脚步。北京市一位代

20世纪80年代初,蛇口青年员工在标语牌下留影。

表大声念道:'时间就是金钱,效率就是生命!事事有人管,人人有事管!'有人赶忙掏出笔来把这几句话记在本子上。大家七嘴八舌地议论:'这就是蛇口精神,也是特区建设的写照,令人耳目一新。但愿这种精神遍地开花,结出累累硕果。'"

这是"时间就是金钱,效率就是生命"口号第一次刊登在报刊上,开始较为广泛地传播开来。

1983年9月,工业区宣传处制作了一个新的红底白字的"时间就是金钱,效率就是生命"标语牌,立在新投入使用的蛇口港客运站外原港务公司的办公楼拐弯处。至此,这组标语由六句到四句,最终定格为两句。

1984年1月，袁庚得知邓小平同志将来蛇口视察的消息，立即下令工程公司连夜加班，用钢结构在港务公司原悬挂标语的相同位置重做一块"时间就是金钱，效率就是生命"的仍为红底白字，但体量更大的新牌子。

1984年1月26日，邓小平和王震、杨尚昆等中央领导同志视察蛇口工业区。当日上午，邓小平一行来到蛇口港。当袁庚介绍蛇口的口号是"时间就是金钱，效率就是生命"时，邓小平的小女儿毛毛提示说："我们在进来的路上看到了。"邓小平微笑点头："对。"

1984年2月24日，邓小平回北京后同中央负责同志谈话说："这次我到深圳一看，给我的印象是一片兴旺发达……深圳的蛇口工业区更快，原因是给了他们一点权力，五百万美元以下的开支可以自己做主。他们的口号是'时间就是金钱，效率就是生命'。"（《邓小平文选》第三卷第51页）

4月30日，《世界经济导报》记者韩耀根，在该报头版头条编发了这一"爆炸性"新闻。此后，中央整党工作指导委员会发文全国，明确指出要把这句口号作为整党工作一条重要的指导思想。

获得小平同志的肯定和赞许后，"时间就是金钱，效率就是生命"的口号从此传遍中华大地，逐步成为人们的共识。

1984年10月1日，为庆祝中华人民共和国成立35周年，首都北京举行了盛大的阅兵式和群众游行活动。在游行队伍中，有上百辆彩车参加，其中唯一一辆企业彩车即是反映蛇口工业区建设成就的彩车。彩车上"时间就是金钱，效率就是生命"的标语分外醒目耀眼。亿万中国人透过电视，看到了这一震撼人心的口号。

蛇口彩车由一辆12吨的巨型货车布置而成。前头门型高大，象征中国改革开放的大门向外敞开。门上方红色圆珠意为蛇口工业区是改革开放大门的明珠。

"时间就是金钱，效率就是生命"标语彩车出现在天安门广场

后面是海上石油平台井架,表示蛇口是南海石油后勤基地;两个架子之间的活动标语牌两面分别写着"时间就是金钱""效率就是生命"的红色大字,牌子可以定时两面翻转,道路两边的人都可以看到完整标语。

1998年,邓小平视察蛇口时看见过的"时间就是金钱,效率就是生命"标语牌被中国革命历史博物馆永久收藏。

2010年,在纪念深圳经济特区建立30周年之际,"深圳最有影响力十大观念"评选活动揭晓。"时间就是金钱,效率就是生命"毫无悬念地位居榜首,被誉为"冲破思想禁锢的第一声春雷"。

2011年8月5日,修缮一新的时间广场举行揭幕礼

第三章　女娲补天

蛇口"海上世界"南边，有一座《女娲补天》雕塑。她，面对南海，耸天而立，双手高举所炼五色之石以补苍穹；向着蓝天拔地而起，美丽女神飘着满头秀发向茫茫天宇深情叩问。那力拔山兮的气势，那人首蛇身的造型，那立万劫而不灭的追求，那虽九死而未悔的决心，正是中华始祖开天辟地、披荆斩棘的生动写照，正是中华儿女前仆后继、奋勇向前的精神写真！

无数人来到她脚下，仰视端详；无数次，她作为一个永恒的背景，定格在岁月的记忆中。

"女娲补天"的传说，最早见于《楚辞·天问》："女娲有体，孰制匠之！"王逸注："传言女娲人头蛇身，一日七十化。"历代有关女娲的传说纷纭。女娲造人，诸神都来相助，才造就了这个五彩缤纷的世界。《太平御览》引《风俗通》云："俗说天地开辟，

《女娲补天》雕塑

未有人民。女娲抟黄土作人,剧务,力不暇供,乃引绳于泥中,举以为人。"可见,创世纪,造世界,女娲的功绩永留史册,永照丹青。

深圳蛇口,状如灵蛇开口,地处南海之滨。千百年来沉寂无声,忽一日改革开放一声炮响,南国边陲小镇令世界震惊。时间就是金钱,效率就是生命。蛇口人以女娲补天开天辟地的勇气为中国的航船破冰!他们不愧是中华民族龙的传人,不愧是人文始祖的后代子孙!

蛇口工业区《女娲补天》雕塑,建于1986年。由中央美术学院教授傅天仇、曹春生共同创作,著名雕塑家唐大禧现场主持制作。这座为庆祝改革开放10周年而建的雕像高18米,上身为人,下身为蛇,矗立在蓝天碧海间,雕像基座上刻有《女娲赋》,歌颂了女娲"抟土作人""列管制簧""炼石补天"三大功绩。

据鞠天相《争议与启示——袁庚在蛇口纪实》一书记载:"1985年前,蛇口人就有了一个动议:建造一座反映蛇口精神的雕像。在1986年由全区干部参加的民意测验中,这个动议获得了70%以上选票的支持。一个国内的雕塑权威承接了这一任务。他在近两年时间里,三易其稿,做成了2.5米高的《女娲补天》雕像设计(完成)稿。"

1986年夏天,著名雕塑家、中央美术学院教授傅天仇带着一个《女娲补天》的雕塑小样来到蛇口,这是他和雕塑家曹春生共同的作品,准备制作并安放在蛇口海滨浴场围堤伸向海湾的顶端。

在雕塑作品的评审会上,一些专家与蛇口的文化人就作品的审美、时代特色与艺术性提出意见与建议。袁庚几天前才主持通过了傅天仇教授的《女娲》设计稿。在听取多方评审意见后,袁庚又顺从民意,提笔在一份文件上做出批示:"同意通过招标形式,

《女娲补天》雕塑

发掘近年国内功力精湛、意念清新、造型雄浑的艺术家，使人在雕像面前产生强烈的时代感，一望而知是蛇口精神的艺术化身。"

为了纪念蛇口工业区成立10周年，袁庚决定用表决的方式，竖立一座体现蛇口人精神与追求的新地标。消息一出，25件雕塑样品便从全国各地"飞"来。

蛇口进行了一次民意测验，313人参加，结果55.8%的人投了《女娲补天》雕塑的赞成票。《女娲补天》就这样得以在蛇口落地。

在许多人心里，女娲的"补天精神"最能代表蛇口人"敢为天下先"的创举。或许，这也是蛇口人最终投票选定《女娲补天》的原因。

1989年，蛇口工业区走过了10年艰辛历程之后，在海上世界南侧竖立了一尊女娲补天的宏大而伟岸的雕像。她举石于天，遥望前方，心怀坚定。雕像表达的正是有担当、无畏惧、开拓新征程、开创新纪元的蛇口精神。

深圳公共艺术中心艺术总监孙振华认为，《女娲补天》等神话题材的雕塑，体现了20世纪90年代城市雕塑创作者的一种情怀："那些作者企图在古老的神话和今天的现实之间找到改天换地、人定胜天的相

2018年招商蛇口年会,招商局集团董事长李建红(中)为"女娲奖"获得者颁奖

互关联……所以他们更愿意用人们十分熟悉的神话故事,使雕塑与这座城市获得精神上的一致。"

2016年7月15日,招商蛇口发布全新品牌主张——"城市生长的力量"。与此同时,招商蛇口也正式将"女娲"选定为企业文化形象。理由只有一个——《女娲补天》雕塑,是蛇口创新精神的象征,代表了招商蛇口人责任担当、自强不息、和谐奉献、不畏艰险的精神!

时光荏苒,女娲不老。至今,她依然在催促着蛇口人一往无前。

　　位于蛇口"海上世界"旁的《女娲补天》雕塑，经历了30多年的风起云涌，已经成了蛇口地标。无数蛇口人都曾在女娲像前流连徘徊，驻足观赏，留下了人生中的美好回忆，也有很多人在这里仰望畅想，憧憬未来……

1991年7月12日，"明天会更好"青少年夏令营在蛇口女娲雕像前举行开营仪式

第四章 南海酒店

"走过无数的光影,我来寻找安宁/收起满身的疲惫,我心回归平静/听枕边海涛轻抚,一梦逍遥/南海,你又送我一个崭新的早晨……"

这是一位曾经住在蛇口南海酒店的旅人在客房便笺纸上留下的几行短诗。

诗写得轻盈、灵动,满含对夜宿南海酒店的惬意舒心之情。

深圳南海酒店是深圳首家由中国政府评定的五星级酒店,也是中国内地第一家名字中有"酒店"二字的酒店。它坐落在深圳蛇口,背依微波山,面朝深圳湾,背山面海的巨帆式白色建筑和阶梯式的阳台让每个房间都能最好地享受到海景与阳光。南海酒店由香港美丽华集团、香港招商局集团、香港上海汇丰银行及中国银行深圳分行联合投资修建。

酒店位于深圳蛇口国际客运码头旁,怡人的海

深圳首家五星级酒店南海酒店

湾园林环境，完善的消闲、商务设施及优质的专业服务，是商务、休闲人士的理想选择。酒店拥有便捷的交通网络，乘坐快船前往香港国际机场只需30分钟，并有客船往来香港、澳门及珠海。深港西部通道通车后，南海酒店即开通往返深圳湾口岸的免费穿梭巴士，到达口岸后不仅通关便捷，口岸更有开往香港各主要地点的直通巴士，使得深港两地的商务旅行活动更加方便。

酒店396间客房舒适宜居，客房内设施齐全，环境优雅；服务周到的中、西餐厅，提供各式美食佳肴；功能齐全的多功能厅，适合举办各类大小会议、中西式宴会、婚宴及各种展示会。酒店的康乐设施完善集中，游泳池、健身房、网球场、乒乓球室，以及桑拿按摩店、卡拉OK、夜总会等应有尽有。

中国改革开放发轫之初，1979年初春蛇口工业区建立，大批建设者从祖国各地蜂拥而至。南海油田的开发，更使许多著名的外国油田公司纷至沓来，致使300多名石油勘探、采掘的专家来到蛇口却食宿困顿、办公无房、洽谈无处。为了促进南海油田的开发并吸引和留住更多的投资者、建设者，时任香港招商局集团常务副董事长袁庚和香港美丽华集团总经理杨秉正共同谋划建设一个高档的酒店与之匹配。同时协商联络香港上海汇丰银行、中国银行深圳分行，形成了一个投资组合——由四个股东各占25%股权，总投资2.2亿港元，开建南海酒店，并由美丽华集团下属的美丽华国际酒店管理有限公司负责南海酒店日常的经营管理。

"这是深圳建造的第一家五星级酒店。一定要高起点设计，高标准规划，与国际接轨建好南海酒店！"——这是决策者的要求，更是所有蛇口人的期盼！

1983年9月25日，在深圳湾口、蛇口微波山旁一个背山面海、风景如画的地方，南海酒店正式动工

20世纪80年代的南海酒店

兴建。经过整整两年紧张快捷的施工建设,南海酒店终于建成。

  几乎与此同时,南海酒店作为最早的内地和香港合资的企业和五星级酒店,也需要大批高素质高品位的经营、管理人员。为此,酒店在北京、上海、南京、武汉、重庆等全国大城市开启大规模公开招聘。其后,又组织"300员工赴港大培训"。在香港这个"花花世界"里,他们严格要求、勤奋学习、心无旁骛,埋首酒店服务管理业务,广泛接触电脑、英文,接单、待客殷勤周到。三个月后学习期满归来,个个都成了酒店各个部门的能工巧手。

  1985年10月14日,酒店开始试营业。一经面

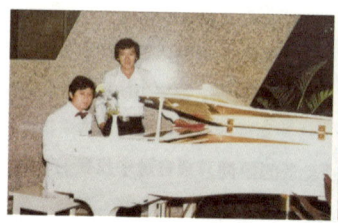

南海酒店最早的钢琴师武音和最早的一批员工

世,好评如潮。特别是其面朝大海、碧波连天的酒店位置,独特的风帆般的建筑造型,震惊了业界。并一举夺得亚洲建筑设计金奖,成为建筑设计的典范。其后,更以其一流的设施、高端的服务、无与伦比的环境,广受赞誉。1990年,中国内地首评星级酒店,南海酒店就被评为全国第一批、深圳第一家五星级酒店。其后屡获殊荣:"深圳市十佳酒店""深圳市先进企业""全国外商投资先进饭店",并为深圳及周边地区培养了大批的酒店管理专业人才。一花引来百花开,万紫千红结对来。由此,也带动了深圳酒店业的高起点发展,受到了中外来宾的高度赞誉,成为深圳亮眼的城市名片。来酒店住过的国家领导人,更是为南海酒店留下"为国争光""南海明珠"的佳话。

时序推移,繁华老去。营业近30年的南海酒店在它接近而立之年时,卸去它满身的荣装,谢幕隐退，重新改造。经过又一轮高起点规划与设计，2014年9月1日，南海酒店改造项目动工，由招商局蛇口工业区控股股份有限公司投资兴建，并交由世界著名的希尔顿酒店集团管理经营。

经过近三年的改造，2017年7月1日，南海酒店再次"荣归"，并更名为"深圳蛇口希尔顿南海酒店-南海翼"。秉承历史与现代的融合，传统与革新的交替，酒店的外观亦如一片巨帆从天边驶来，阶梯式的阳台迎迓着五洲宾客。而其内部的装饰与布局，豪华与现代，更以服务的周全与温馨，抚慰着人们的心灵。

南海酒店作为深圳的地标性建筑，承载了深圳的历史、蛇口的荣耀，迎来送往着八方的宾朋。

草木掩映的希尔顿南海酒店

第五章　蛇口邮轮母港

"海为龙世界,云是鹤家乡。"龙游大海,鹤翔云天,船通五洲。作为一个现代化的沿海国际城市,不可能没有一个通达四面八方的港口。

快艇贴着蛇口的海面飞驰,只见蛇口港、赤湾港、妈湾港一字排列。码头边,成百架岸吊、龙门吊傲然挺立;货场上,集装箱整齐排列堆如山峦;海面上,一艘艘巨轮、游船来往穿梭。更见太子湾邮轮中心光艳夺目,宛如天外飞来的一只巨鸟,落在海边。这么壮观雄伟的港口船队阵列,真令人心旷神怡,神思飞越。

开港建港,让我们从袁庚的一次归程讲起。

1978年12月26日,当袁庚带领香港招商局一行人乘"海燕8号"交通艇自香港中环来到蛇口,面对的是一片污泥烂滩。因无港口,交通艇只得在荒滩环绕的半截残旧的突堤靠岸。此刻，这位受命开辟蛇口工业区的领导人就认定：港口是蛇口的"生命线"，没有港口，就不会有明天崭新的蛇口，正如很难想象没有轮船的招商局，会是什么模样。对于以轮船起家的招商局来说，建造港口和码头几乎是一种本能。

万事开头难。关于蛇口能不能建港，需不需要建港，在1979年年初召开的交通部专题汇报会上，香港招商局常务副董事长袁庚与时任蛇口工业区总工程师孙绍先，就蛇口滩涂现状与建港必要做了迫切、详细的汇报。他们恳切的陈词、周密的计划，获得了交通部领导的批准。

蛇口建港在即，首建必是客运码头。经过反复勘察遴选之后，五湾最后被确定为客运码头所在地。1979年8月，交通部四航局工程队在这里摆开战场，炸掉海里的礁石，深挖水道建港。

1981年11月20日，香港至蛇口客运航线开通。这是中国第一条开往外面世界的航线，是吸取世界商业文明滋养的管道。随之而来的，是蛇口急需人才、资金、技术、理念，而这，也正是当时中国之所需。

1981年冬天，国家筹划南海石油开发，筹建石油后勤基地。石油工业部曾经在海南岛、湛江、珠海等

20世纪80年代初,早期的蛇口码头

地选点。以袁庚为首的蛇口建设团队抓住这一千载难逢的机遇,乘势而上,向石油工业部力陈在蛇口建设石油后勤基地、修建港口的必要和可能,获石油工业部领导同志高度赞赏。1981年12月24日,国务院领导批示:要争取把南油开发基地设在我国境内,请袁庚同志按蛇口的办法搞,务必于1983年5月前建成。

"时间就是金钱,效率就是生命。"一场建设港口、建设"生命线"的战斗在蛇口全面打响。他们在时间紧、任务重的情况下,抢工期,拼实力,赤湾200万吨级码头、蛇口五湾突堤深水码头的两个万吨级泊位与一个5000吨级泊位都在规定的时间内提前相继竣工完成。其后,蛇口集装箱码头更以优质、高标准建成投产。蛇口港驶入了港口建设的黄金时代。

在全球发达国家港口迈入4.0时代之时,蛇口客运码头也加快了发展速度,迎来了华丽的蝶变。

2013年11月前后,蛇口邮轮母港建设团队专题约见了法国未来派建筑大师德尼斯·岚明,告诉他:"3个月要拿出整个建筑方案。"一万年太久,只争朝夕!从那时起,这个国际知名的专业团队勤奋地工作,成千上万名技术员、建筑工人日以继夜地开展创造性劳动,终于把这座占地4万多平方米、总面积13.6万平方米的"庞然大物"建造出来。"敢为天下

2013年的蛇口港

蛇口邮轮母港的金色晨曦

蛇口邮轮母港夜色

先"的蛇口人,从设计到施工,建设邮轮母港前后竟仅仅用了3年时间!蛇口速度,举世皆惊!

2016年10月30日,随着一声汽笛长鸣,"迅隆一号"客轮缓缓驶出蛇口客运码头。至此,从1981年正式启用,已开通到香港、澳门、广州、珠海、海口、中山、肇庆、梧州、汕头等城市和地区的航线、运营35年的蛇口客运码头送走了最后一班船。蛇口邮轮母港惊艳亮相,顺利接棒,登上历史舞台。

站在太子山头高处眺望,邮轮母港主体建筑蛇口邮轮中心在蓝天与大海之间闪烁着五彩斑斓的光芒,千万片五颜六色的明亮的特殊玻璃覆盖着硕大无朋的苍穹,像一颗镶嵌在天海之间的无量明珠。其外形又恰似海洋中的一条"巨无霸"蝠鲼,悠游于天地之间。到了夜晚,穹顶的千万盏彩灯齐放,璀璨夺目,更把邮轮中心打扮得如一座光华四射、美轮美奂的宫殿。

蛇口邮轮中心竣工不久,2016年11月11日,亚太领先邮轮公司云顶香港旗下的"处女星号"即来停泊了,11月12—13日,内地与港澳邮轮旅游合作发展大会暨太子湾邮轮母港开港仪式如期举行,蛇口邮轮母港"中国邮轮旅游发展实验区"正式授牌,时任深圳市市长许勤代表市政府对蛇口邮轮母港的建设和发展给予了充分肯定。

蛇口邮轮母港的开通，大大提高了海上交通的客运量。据统计，仅在 2017 年，蛇口邮轮母港的旅客吞吐量就达到了 549 万人次。而这个数字，几乎接近于原蛇口客运码头 35 年客运量的总和。

太子湾邮轮母港建设完成后，已成为华南地区唯一的集"海、陆、空、铁"于一体的现代化国际邮轮母港。全球最大的邮轮可以在这里停靠，太子湾将成为深圳通连香港、走向世界的"海上门户"。"从蛇口出发，坐着邮轮看世界"，环游全球的梦想已成为现实。

蛇口邮轮母港外部结构

第六章 盖世金牛

深圳蛇口四海公园，始建于1987年，园虽不大，却景色秀美。其中犹以一尊《盖世金牛》的巨大雕塑吸引着人们的视线。它长24米，宽9米，高20米，重达100吨。1994年由著名雕塑家韩美林创作，材质为铜。

走进四海公园，你定然会被这尊庞然大物所吸引，经受视觉与心灵的强烈震撼。只见它悄然傲立于一片绿意之中，浑身古铜色，披绸又挂锦；肩驮金元宝，背负夜明珠；它头角峥嵘，却憨厚地弯下，直抵远方；向天卷曲的尾巴如同神火跳跃、升腾。远观这头金牛，巍峨雄伟的身姿，威武壮观的架构，缀满璎珞的牛身，牛气冲天的双眸，这些颇为夸张的言辞用以描绘普通的牛类，似乎有些过头，然而当你站在这头高达20米、浑身古铜颜色、一副所向披靡之像的巨大金牛面前时，你不得不仰视它并且一定会为这样

四海公园全貌

的形容而自感词汇贫乏。昂首向天、高大威猛的金牛,的确有观五洲风云的气概。它昂扬向前、造型夸张的四蹄,莫非有踏四海烟波的雄谋?

"艺术家侧重外在艺术形象的选择,不强调有害无益;侧重随心所欲不拘一格,只要艺术上具备典型性,什么形象都可以拿来创作。"正是按照自己的艺术理论与既定方针,雕塑家韩美林才创作出了这头宏伟的盖世金牛。

谈起"造牛"的经历,当年蛇口工业区党委书记乔胜利回忆说:"当年蛇口工业区发展迅速,引进的外资及港澳台资金也比较多,在这里工作的人多数是从外地选派过来的,文化素质普遍比较高。我们当时就想,工业区除了经济发展,还要有自己的文化,还要有更高的文化追求。我希望要有一个具体的形象,来表现蛇口人的一种精神。"

1993年6月,韩美林来到蛇口。在与乔胜利的会见中,韩美林热情地说:蛇口山和水都有了,建筑物有了,但缺精神和魅力!要用气势宏大的艺术品来提炼和标榜蛇口精神,让世人和历史都知道。不久,韩美林拿出了《盖世金牛》的设计图,并且召开了一个专题会讨论金牛,大家没有异议,还交由企业管理办公室主任余昌民起草了一份《关于金牛工程的决定》。

盖世金牛

1994年夜间的盖世金牛

金牛造建好后,著名戏剧家、文学家魏明伦先生创作了一篇《蛇口盖世金牛赋》。他从孺子牛拓荒得到启示,浮想联翩,笔下生花:"牛是人类忠实朋友,相伴创业,佳话如潮。遥想东方牛郎,西方牛仔;老子青牛过函谷,田单火牛冲敌阵,孔明木牛出祁山,藏王牦牛贡中原",一直到"宏观至太空牵牛星,微观至乡村小放牛",历数牛的功绩,牛的历史,牛的苦难,牛的奉献,最后落脚到"观其创新闯关之势,岂牛乎?特区人也!"整篇碑文旁征博引,联想丰富,文思如流。精美碑文与金牛雕塑,珠联璧合,气冲牛斗!《蛇口盖世金牛赋》问世后,引得全国各地报刊争相转载,新华社、人民日报也发出了通稿,在海内外引起热烈反响。

韩美林造牛，魏明伦作赋，沈鹏（中国书法家协会代主席）题名，康雍（著名书法家）书碑。至此，锦上添花"四美"荟萃，蛇口一大景观由此诞生！

如今，金牛已成蛇口人的精神图腾，它依然静静地守护着蛇口，它依旧巍峨挺拔，傲视南天！

附：《蛇口盖世金牛赋》

       魏明伦撰 康雍书

壮哉！庞然大物从蛇口四海公园拔地而起，远望如巍峨建筑，近看乃高雅雕塑。特区千万广厦一派洋气之间，耸立土产盖世巨牛，乍闻讶然称奇，细思肃然起敬。

牛是人类忠实朋友，相伴创业，佳话如潮。遥想东方牛郎，西方牛仔；老子青牛过函谷，田单火牛冲敌阵，孔明木牛出祁山，藏王牦牛贡中原；牛渚泛月，以文会友；牛角挂书，以耕求学；鲁迅忧患，长夜低吟孺子牛之诗；卡门浪漫，舞台高唱斗牛士之歌；秉笔记兴亡，太史公自谦牛马走；防疫治天花，全人类遍种牛痘苗；宏观至太空牵牛星，微观至乡村小放牛……一部文化史，千年奋斗篇，多少可歌可泣之事与牛密切相关？！

吾友韩美林，一生勤奋如牛。历经浩劫，打入牛棚，然而始终不改牛脾气！年当鼎盛，志在牛斗，以其受伤之手，苦塑造福之作。古云庖丁解牛，游刃有余；今看美林塑牛，绕指柔成百炼钢矣。

纵观天下无数耕牛与人为善，奉献甚巨而需求甚微。人有主人者，更有"人主"者，视宝犊良材为牛鬼蛇神，驱遣其埋着脑袋干活，呵叱其夹着尾巴作奴。割尾之灾惨痛，群牛不堪回首。

煌然巨变，新纪元之金牛，已非旧体制之牲口。头角依然开拓，尾却自由舒展，高翘云端矣！但高而不傲，大而得当，憨厚而不干蠢事，报国而不尽愚忠！披金缎，托明珠，耀神火，兆吉祥。满身殊荣，负重而再不忍辱！遍体财富，乐道而再不安贫！敢超越赵公骑虎，敢探索股市腾牛……观其创新闯关之势，岂牛乎？特区人也！

莫道蛇口长于经济，短于文化。焉知儒商之智商颇高，经理之哲理亦明。投巨资弘扬艺术瑰宝，引清泉灌溉文化绿洲。金牛开道，此风可长，祝愿后继者多如牛毛细雨。展望未来之特区，岂仅物质文明领先，于精神文明亦当执牛耳也！

公元一九九四年九月招商局蛇口工业区立

魏明伦的《蛇口盖世金牛赋》

第七章 南海意库

车在蛇口行,人在车中坐。行至水湾地铁站附近,人们的眼睛突然放亮:一大片美舍楼宇拔然而立,栋栋房屋漂亮美观。房前屋后,绿树掩映,碧草含春。真个是:"苔痕上阶绿,草色入帘青。"而家家门前,都由主人精心装点着鲜花,绘制着彩图,或随意搭建着色彩鲜明、含义隽永的物件。来往穿梭的人群,或游览观光,欢笑相谈;或驻足店前,细品沉思。人们原以为这是到了一个景点,及至下车细览,却发现竟是一个文化创意园区——南海意库!

20世纪80年代,作为改革开放先锋的蛇口工业区,为率先引入大量外资和港澳台资企业,在这里盖起了六栋整齐划一、体量宏大、外观新颖的工业厂房——华建工业大厦。最早入驻的是一家港资企业凯达玩具厂,其企业规模超过千人,一时间撑起蛇口工业区"半壁江山"。其后是香港陆氏电子公司的电视

南海意库

机厂，后来被TCL集团收购，成为其彩电制造系统的骨干。1983年1月，日本三洋电机株式会社派人到蛇口考察，并且购置了华建工业大厦的第三栋厂房并成立了三洋电机（蛇口）有限公司。这是日本三洋电机株式会社在中国设立的第一家独资公司，生产工人有上千人。在蛇口辉煌的工业发展史上，这六栋厂房先后入驻过近百家不同性质的劳动密集型企业。20世纪90年代初期，部分企业撤离，三洋电机索性将六栋厂房中剩余单位全部租下，把这片厂区统称为三洋厂房。

这一段时间，是三洋公司更是蛇口工业区发展的黄金时期。1984年10月,在蛇口三洋公司成立一周年的酒会上,时任蛇口工业区总指挥的袁庚莅临现场并热情致辞,祝三洋公司在蛇口取得更大发展。

时序推移,岁月不居。多年后,在"腾笼换鸟、转型升级"的大潮下,三洋最终离开蛇口,原先入驻蛇口的工厂也纷纷外迁。到2005年,三洋厂房已有四栋完全空置。当时的招商局地产控股股份公司进行了回购,并决定将其整体改造成南海意库。

摆在面前的问题十分严重。主持南海意库项目改造工程的招商蛇口原副总经理王睎甚至感到"找不到

袁庚与日本三洋创始人井植熏握手

方向，几乎是一个无解的题"。恰在此时，深圳整座城市面临升级转型的大潮。随大潮而动，主动作为！王晞驾深圳"设计之都"的春风，抓城市转型的机遇，深谋远虑，深耕细作，写出了南海意库的改造方案，获得批准。

顺应市政府"建设绿色低碳城市"的发展战略，秉承当年招商地产绿色建筑的思想理念，南海意库这一项目工程坚持被动式设计，即不打破原有房屋建筑结构，尽量优化自然采光、自然通风，以及立体绿化、遮阳。根据六栋厂房的不同情况，因地制宜采用不尽相同的方式施工改造，"旧瓶装新酒"，最后呈现出风格统一、各具特色的园区风采。

由厂房变成创意园，其内部空间结构必须进行分割改造。既要保存原本工业厂房的建筑结构，又要兼顾考虑各自创意办公的实际需要。这种改造成本有时比推倒重建更高。他们群策群力，想方设法，巧妙为之，进行了许多创意性的设计改造，事半功倍。由此，建成的南海意库还成为深圳市城市更新成功案例、生态节能典范项目，获得住房和城乡建设部最高等级的"绿色建筑运营标识（三星级）"，成为全国绿色建筑项目的新典范，这是中国唯一一个拿到绿色建筑运营标识的旧改项目。

在南海意库6年的开发中,通过"腾笼换鸟"产业升级、持续改造扩大品牌效应,以及商业升级焕发活力这三个建设阶段,这块土地得到了重生。南海意库落成后,率先入驻的正是它的所有者——当时的招商地产。其后,诸多境内外建筑、景观、工业设计以及服装、广告设计等公司纷纷涌入。当年的低端玩具生产线,变成了玩具设计的研发中心;全球著名的玩具设计企业"孩之宝"随之而来。从代工制造的"唐老鸭"到设计智造的"变形金刚",建筑的生命在不断变化。

截至2017年年底,南海意库已入驻169家企业,年产值为60亿元人民币,利润总额达17.5亿元人民币,共计缴纳税收5.7亿元人民币,释放出巨大的文化生产力。

南海意库已不仅仅是一个成功的文化创意产业园区,同时也是深圳一个商业旅游目的地。设计、创意、文化企业总部的有机产业链,形成了创意界首脑云集的总部集群,同时还具有五星级标准的公园生态办公空间。这里拥有数十家主题餐厅、创意商品铺子、设计师品牌服装、特色咖啡与酒吧,给消费者带来全新的体验感受。

在南海意库游走，你能充分感受到在喧嚣繁华都市里优雅地躲藏于静谧绿色创意空间中的那般暇意。

曾任招商蛇口运营管理中心顾问的王钻说：从三洋厂房到南海意库，这六栋建筑里发生的故事，是蛇口产业发展故事的精华。产业升级中的"腾笼换鸟"，"腾"的是思想，"换"的是观念。六栋厂房，连一平方米都没有卖掉，而是把它从制造型厂房变成创意型园区。利用老建筑，融入新元素。从制造到智造，南海意库的一草一木，都隐含了不断迭代生长的蛇口基因。

如今，人们在园区或徜徉观景，或休闲购物，或品茗会友，各美其美外，还能收获一份舒心惬意的诗情。

意库中浓荫密布的咖啡馆

第八章　育才学校

深圳湾畔，南山脚边，

有我们美丽的校园。

父母的青春在蛇口闪光，

我们的脚步把前辈追赶。

五育并举，全面发展，

肩负起新时代的明天……

阵阵嘹亮、清丽的育才校歌声在校园的上空飘飞，同学们踏着坚实的步伐走进教室，认真学习，积智聚力，开始了向文化科技高峰的攀登。

诚如歌词所述，育才学校是伴随着20世纪中国改革开放大潮以及招商局蛇口工业区的诞生而诞生、发展而发展的新兴学校。从创建之日起，即赋予了这所学校非同凡响的探索意识与创造精神，也许因为育才学校有着先天的"蛇口基因，育才血脉"，所以才能在短短30多年的办学进程中，创造出深圳特区教育史上一个个传奇。

开山的炮声震响了中国的大地，成千上万的建设者涌入蛇口。他们孩子的上学与教育成了一个与时俱来的大问题。中国第一所对外开放企业的子弟学校——育才学校由此催生。

"再苦不能苦孩子"，这是当年香港招商局蛇口工业区创始人袁庚在蛇口滩涂上的表态，也是最温暖育才人的经典语录。当蛇口工业区建设指挥部还设在简陋的工棚、汗流浃背的建设者还栖身竹棚时，蛇口建设者把最好的建筑给了学校。在百废待兴的工地上，蛇口最先矗立的楼房，是育才学校的校舍。

毕业于北京大学的陈难先，受命筹组育才学校。真个是困难在先，但又是"克难在先"。在半个多月的时间里，他穿州过省，搭车赶船，奔波于全国10多个大中城市，引进了育才学校第一批教师。教室缺少课桌椅，招商局接受香港一家教会学校的捐赠，用船把一大堆旧课桌和办公用的桌椅板凳，以及大小电风扇等各种学校日常设备运到蛇口。

超前的教育理念，灵活的办学机制，充满激情的创业氛围，以人为本的教育襟怀，深深地吸引着一批批优秀的教育工作者离开优越的大城市，转而来到荒凉的蛇口,将最好的教育回馈给特区建设者。

育才学校始于1983年8月28日,育才学校成立大会暨第一个开学典礼郑重而又简朴地举行。450多名蛇口工业区子弟涌入校门。原定的12个班扩展为15个班,教师的3间办公室被用作教室。

随着城市人口的增加,教育事业的发展,学校的增多,深圳市蛇口育才教育集团于2003年4月8日应运而生,成为广东省首个以公办学校为主体、以素质教育为纽带、以探索现代学校制度为目的的多层次办学且具有法人资格的教育集团。

育才学校开学典礼

集团隶属于南山区教育局,其前身为成立于20世纪80年代初期的招商局蛇口工业区子弟学校(即育才学校)。现有成员单位14个,其中公办高中1所(育才中学)、初中2所(育才二中、育才三中)、小学4所(育才一小、育才二小、育才三小及育才四小)以及独立法人的公办学校2所(育才教育集团龙珠学校及太子湾学校);还有国有民办的幼儿园4所(育才一幼、育才三幼、育才四幼及育才阳光幼儿园),以及代管的深圳市南山区社区学院1所,形成了从幼儿园到社区教育一体化的办学格局。

目前,集团有班级400个,就读学生人数19752人,教职工1481人,占地面积223147.22平方米,建筑面积213128.61平方米。

从特区首家企业子弟学校到国内首家公办教育集团的体制创新;从"培养与资本主义打交道的人"到"我即教育、众胥人才"的办学理念拓展,育才一直在用心抒写教育的创新篇章。

1989年年底,中国青少年发展基金会开启"希望工程"。1990年,团中央、少工委公布首批手拉手学校名单,蛇口育才一小与陕西西乡木竹坝小学、蛇口育才二小与广东连平茶山小学建立"手拉手"关系,定向资助,牵手至今。1993年一个春天的早晨。育才二小的同学杜旻书给中国少年报发去一封信,倡议"捐出压岁钱,建一座希望小学"。诚挚的爱点燃了全国少年儿童的心!热诚的呼唤由此拉开了希望工程的序幕,多少贫困的儿童背起了书包,多少山乡的母亲啊,热泪涔涔。育才学子也因此被誉为"播种希望的孩子"。

育才中学16岁的学生郁秀,自小聪慧秀拔,在当时"学生的利益高于一切"的理念引导下,她善于观察、喜欢写作的个性得到充分发挥与张扬。她把青春期学子的孜孜求学、少男少女情窦初开的感触,和一次次经受

全国第一所用压岁钱建立的希望小学——西柏坡希望小学

郁秀与读者在一起

生活的洗礼，走出一个又一个情感旋涡，不断走向成熟的故事形诸笔下，写出了这群孩子从明朗的16岁花季进入敏感多思的17岁雨季所经历的各种成长的烦恼，留下一曲动人的青春之歌——小说《花季·雨季》。

小说《花季·雨季》荣获中宣部"五个一工程"奖、第三届国家图书奖提名奖、宋庆龄儿童文学奖，其同名电影又获"五个一工程"奖、华表奖、金鸡奖，这在全国教育界、文学界都是绝无仅有的大好事，更是育才教育的光荣。

育才中学语文教师严凌君，感于当前语文教学中的种种不足,自己动手编辑并开设了"青春读书课"。这套 7 卷 14 册的人文读本一经面世,便受到社会与教育界的普遍欢迎。著名学者、北京大学教授钱理群欣然挥笔为这套书写下长序,赞叹此书充溢着思想之美、文学之美、语言之美。希望大家认真学习阅读,让学生在好书中建设自己的精神家园。目前,国内有上百所中学选其作语文校本教材。

严凌君十分敬佩蛇口和育才中学开放包容的精神气质,以及感谢他们对"青春读书课"的关注和支持。由此可见,一个人的发展路径跟环境有着千丝万缕的关系。

社会在进步,教育在发展。在蛇口步入国家级自贸区之后,再次置身对外开放前沿的育才教育将如何因应发展?

育才人的回答是,他们将以文化引领、创新驱动、专业领导来实现育才可持续发展;将以办"既叫好又叫座"的教育来满足社区居民对优质教育的需求;将以对历史对学生负责的态度,怀揣教育理想,打造人文育才、质量育才、国际育才;创建育才教育标准,践行育才行动纲领;积智聚力,协同创新,建构育才新的发展生命曲线;弘扬育才文化,同筑育才教育梦。

"育才号"学生专列

育才中学外教教学交流

第九章　中国改革开放蛇口博物馆

在蛇口"海上世界"对面、《女娲补天》雕像旁边，一面中国改革开放的大旗迎天而立。旗下，依台阶由下而上，分列着1978、1988、1998、2008、2018五个十年递进的年代金色大字。大厦入口前，一座打破陈旧门框冲向崭新天地的女神雕像令人神思飞越，迎迓着前来参观的人群——这里，就是中国改革开放蛇口博物馆。

海上世界、女娲补天、中国改革开放蛇口博物馆，三者似乎成掎角之势，生动而形象地在解说蛇口乃至中国改革开放的历史进程。

蛇口，既是个名称，又是个符号；既是片地域，更是段历史。小者，弹丸之地，大者，时代风标。960万平方公里国土疆域不显蛇口，数十载改革开放必述蛇口。因为蛇口是和一个大时代紧紧联系在一起的。

20世纪70年代末，中国开启了一场伟大的变

中国改革开放蛇口博物馆外景

革,这场变革改变了十几亿人口的命运,为中华民族开辟了一条新的发展道路。在这一浩荡的历史洪流中,蛇口为其滥觞。许多改革由此起步而推至全国,终成席卷之势。

这是中国首家以改革开放为主题的博物馆。它透过一个个与改革开放相关的小物件、小场景、小事件,用宏大叙事与具体场景相结合的方法,还原了中国改革开放伟大事业发源地——蛇口40年来波澜壮阔的传奇,辑录了当年拓荒筑基的记忆和"敢为天下先"的精神,成为一处全新的、供人记忆和传承的

早期蛇口工业区大门——中国改革开放蛇口博物馆展馆一角

"蛇口精神符号"。

在蛇口建一座纪念改革开放伟大事业启程之地的博物馆,是招商局多年来的夙愿,更是蛇口人的长久期盼。其时,恰逢中宣部大力推进社会主义核心价值观主题公园建设,广东省委省政府、深圳市委市政府尤为重视,认为深圳在文化领域的核心价值必不可少的表达就是改革,而原点蛇口必有所建树。于是,中国改革开放蛇口博物馆应时而生。

作为中国改革开放蛇口博物馆的承办单位,招商局蛇口工业区控股股份有限公司十分重视对这段历史的总结。2016年3月21日,招商蛇口迅即在南海意库召开了关于建立中国改革开放蛇口博物馆的专题会议,决定尽快成立征集项目小组,同时,40多位退而不休的"老蛇口"与200多位民间志愿者组成的展品征集执行组成立了,同时,向社会广泛开展征集工作。

一呼百应,应者云集。聚沙成塔,集腋成裘。许许多多当年参加蛇口工业区建设的亲历者、工人、干部、领导,都把自己保存的物件、文字、信物等珍藏的"宝贝"献出来。大家认为,献出这些,就如同献出了自己参加改革开放蛇口建设的那段青春岁月。

一年多时间,征集小组收集到的物品超过了5000件,从纸质到实物,一应俱全。从招商局蛇口工业区出入证、广东边民边境通行证、蛇口供销社的购物证,到中瑞公司生产佩戴的安全帽、育才学校初创时期香港商人捐赠的课桌、邓小平南方谈话视察蛇口工业区时坐过的藤椅……件件珍贵。捐赠者大多生活在蛇口,有些人更是从美国、法国赶回来,他们把压箱底的宝贝献出来,要留下一段如火的青春。

当年参加蛇口建设的王志宏、李肇珩夫妇把他们收集珍藏的一大堆施工工地的安全帽捐给了征集组。他们说,随着改革开放的一声炮响,蛇口出现了一群群头戴安全帽的人,红的、白的、黄的,五彩斑斓。

他们勤奋地工作在开山填海、码头、厂房、楼群建设的工地上。"空谈误国,实干兴邦",他们是改革开放的排头兵,他们是用汗水浇灌蛇口的建设者,他们是普通工人、农民工、外籍人士和工程师,他们之中没有腐败,只有奉献;没有空谈,只有实干。

有人把蛇口培训中心成立二十周年的纪念品、上书"培养与世界打交道的人"的水晶玻璃牌献出来。培训中心是袁庚一手创办的,为了引进外资及港澳台资金,创建中国第一个向世界开放的出口加工区,要培养一批与世界打交道的人。虽然培训班生活清苦,但大家学习非常勤奋。因为他们要赶超世界,时不我待。

一天,一位已旅居法国30年的钢琴家武音来到蛇口,他要把一张1984年从四川省运动技术学院调入蛇口的"商调干部函"捐给博物馆。1985年,深圳首家五星级酒店南海酒店试营业,武音以其专业特长被聘为酒店钢琴师。在捐赠的名片背后,是当时南海酒店负责人致组干处的字函:"杨总及本人同意录用武音为南海酒店钢琴师,请办一切手续。"那时的用人,真正是择有用之才而用之。此次回国,连同那张"商调干部函",他把自己也一起"捐"出——为改革开放40年后的蛇口送上更加优美的琴声。

2017年12月26日,中国改革开放蛇口博物馆正式面向公众开放。与党中央领导推进的全面深化改革一样,中国改革开放蛇口博物馆日后也紧扣时代改革脉搏进行不断升级。2018年8月10日,全新升级的中国改革开放蛇口博物馆以"潮""创""开""闯""势"五大主题篇章,讲述蛇口走向世界的历程。自开馆后,月均接待参观人数13000多人,这在全国同类型博物馆中人流量都是相当大的。

留住时代记忆,记住蛇口精神。人们在其中参观、徜徉、沉思,将以更加坚实的步伐,走向崭新的时代!

《蛇口,走向世界》

第十章 袁 庚

在中国改革开放的历史进程中,在深圳,在蛇口,袁庚是一个永远绕不过去的名字。

袁庚(1917年4月23日—2016年1月31日),原名欧阳汝山,男,中共党员,出生于广东省宝安县大鹏镇(现深圳龙岗区大鹏街道),汉族,客家人。少年时期,接受进步思想,追求革命真理,积极参加抗日救亡活动。1938年10月11日,袁庚打响了大鹏民间抗日第一枪。1939年3月加入中国共产党。其后,袁庚曾参加黄谭战斗、南麻临朐战役、昌潍战役、济南战役。1949年,两广纵队成立炮兵团,32岁的袁庚任团长,9月,进入粤境,解放沿海岛屿。10月,解放大铲岛,11月解放三门岛前夕,奉命调至中央军情部参加武官班受训。1950年5月,他33岁,奔赴越南援越,任胡志明的情报顾问和炮兵顾问,参加越南高平战役。自此,袁庚历任东江纵队联络处处长、东江纵队港九大队上校、三野二纵队四师参谋处副处长、两广纵队炮兵团团长、中共驻香港办事处主任、胡志明顾问、香港招商局常务副董、蛇口工业区党委书记。

党的十一届三中全会掀开了改革开放的崭新篇章。时任交通部外事局副局长的袁庚被交通部部长叶飞派往香港调研。两个月后,袁庚以交通部党组的名义执笔起草了一份重启百年招商梦的构想,并提交给国务院,希望能利用香港招商局"立足港澳、背靠内地、面向海外、多种经营、工商结合、买卖结合",争取在短期内将招商局发展成为综合性大企业,冀望"冲破束缚,放手大干"。1978年6月3日,港澳经济考察团就《港澳经济考察报告(汇报提纲)》向中央政治局进行汇报。中央领导听取了汇报后当即表态:"总的精神我同意……"并强调,"看准了的东西,就要动手去干,就要抓落实,把它办起来"。[①]

1979年1月31日上午,时任国家副主席李先念与国务院副总理谷牧接见交通部副部长彭德清和招商局常务副董事长袁庚,听取他们关于建立蛇口工业区

---

① 郑有贵. 中华人民共和国经济史:1949—2012[M]. 北京:当代中国出版社,2016:158.

的报告。李先念拿着袁庚递过去的一张香港出版的中国地图,凝思片刻后,用铅笔画了宝安县南头半岛,说:"就给你这个半岛吧!"袁庚最后只要了南头半岛的蛇口,面积有300亩(120万平方米)。①

李先念当即批示办理。也就在当日(1月31日)国务院下文,招商局蛇口工业区获批。因而,这一天成为招商局蛇口工业区这根改革"试管"的成立日。

历史的重任责无旁贷地落在袁庚这位老"炮兵团长"的身上。就在他当年解放过的南海岛屿,就在当年解放胜利的炮声炸响的地方,就在当年南头半岛蛇口2.14平方公里的土地上,重又炸响了改革开放的"开山第一炮"。蛇口工业区,成了中国改革开放的一例"试管婴儿"。

工业立区,百废待兴。袁庚在用人、干事、创业中感觉到时间、效率的可贵与紧迫,他率先提出"时间就是金钱,效率就是生命"的口号,用竞争的办法打破因循守旧的观念,用招聘的方式打破"铁饭碗"机制,建立一套全新的工作机制。1984年1月26日,邓小平同志和王震、杨尚昆同志视察工业区。袁庚简要汇报了工业区几年来的经济体制、机构、干部制度

---

① 涂俏.袁庚传[M].深圳:海天出版社,2019:51.

等改革的情况,并说:"我们这里进行了一点冒险,不知道是成功还是失败。我们有个口号,'时间就是金钱,效率就是生命。'"邓小平同志点头:"对!"①

在2010年深圳经济特区建立30周年之际发起

晚年袁庚

① 涂俏.袁庚传[M].深圳:海天出版社,2019:390.

"深圳十大观念"的评选活动中,"时间就是金钱,效率就是生命"排名第一。这句口号也是中国实行改革开放以来最为响亮的口号,被誉为"冲破思想禁锢的第一声春雷"。

袁庚是招商局集团常务副董事长,招商局蛇口工业区和招商银行、平安保险等企业创始人,百年招商局第二次辉煌的主要缔造者,中国改革开放事业的重要探索者。为表彰袁庚致力促进香港与内地之间的经济发展,特别是对香港的航运事业贡献良多,他于2003年被香港特别行政区政府授予金紫荆星章。2018年12月18日,党中央、国务院授予袁庚同志改革先锋称号,颁授改革先锋奖章,并获评改革开放试验田"蛇口模式"的探索创立者。

袁庚在《记忆·理想与爱迪生的灯》一文中写道:"1878年,爱迪生在门罗帕克实验室最初点亮的白炽灯只带来八分钟的光明,但是这短暂的八分钟却宣告了质的飞跃,世界因而很快变得一片辉煌。最初那盏古拙的灯泡,它的纤弱的灯丝何时烧断并不重要,重要的是它真真确确地留给了人们对不足的思索,和对未来的希望。"袁庚与蛇口工业区也正如那盏古拙的灯泡一样,燃烧了自己,照亮了改革开放前

2016年2月4日,袁庚追悼会在深圳举行,一群老蛇口人自发前往殡仪馆吊唁

进的道路。

2016年1月31日,袁庚以99岁高龄辞世。百年沧桑,九九圆满。人们以这样一副挽联敬赠袁庚:

半生戎马固我江山智勇双全老战士
一心图强重铸民魂彪炳青史改革家

第十一章　蛇口渔港

谈起深圳的过往，人们总喜欢说它是一个小渔村。海湾之滨，渔舟往来，风波浪里行船，满载而归；岸边渔民，聚族而居，堤街售卖鱼鲜，商贾云集。此话拿来描绘当年的蛇口渔港，倒也真实可信。

千百年来，蛇口和中国海岸线上的其他渔村没有区别，人们日出而渔，日落而息。

蛇口位处深圳湾畔，五湾、六湾，湾湾相连。在深圳260.5公里的海岸线上，这里的渔业资源最为丰富，这是上天给予蛇口的馈赠。

蛇口渔港，位于南头半岛东端蛇口山西侧，原为海涌，为在蛇口附近海域捕鱼渔船的避风停泊之所，称为蛇口避风塘，并因避风塘兴起蛇口圩。在避风塘附近的海边，有专收鱼的水产站和做木船的船厂。蛇口有近海及靠近香港的特殊地理位置，农民们几乎家家都有渔网。加之我国政府及当时的港英当局承认，拥有两地合法身份、常年吃住在船上的流动渔民可进行渔事活动，因此蛇口的渔事活动繁多频密。

　　改革开放前，蛇口的常住人口在4000人左右。居民以渔民、农民、蚝民为主。以打鱼为主的渔一村、渔二村，以种田为主的湾下村、南水村、后海村，以养蚝为主的海湾村共同组成蛇口公社。20世纪60年代中期，蛇口避风塘年鱼货交易量2万吨左右，有1600艘双重户籍的港澳流动渔船和数百艘广东沿海渔船在此出入，进出渔港的流动渔民近万人。广东各地水产供销部门来渔港贸易的人员与车辆络绎不绝，蛇口附近的石岩、西乡、松岗一带的群众带土特产、

20世纪70年代蛇口渔民出海

1975年夏天,渔一村村民在蛇口水产码头加工咸鱼

家禽等到蛇口渔获市场交易,供各地渔民选购;港澳地区和珠江口附近渔船多定期到蛇口船厂检修,蛇口因此成为珠江口有名的渔船修造中心。1984年6月,南头区投资90万元,整修蛇口避风塘和护岸工程,新建了184米长的护坡码头。

其实,南山地域特别是蛇口渔民早有海洋捕鱼的生产方式。1983年,他们在附近海域从事刺钓和掺缯、置网拖、围网作业,捕捞量就达1042吨。品种有石斑、鲍鱼、黄花鱼、池鱼、鳓鱼、鲷鱼、鲳鱼、马鲛、乌贼、沙鱿、马友、带鱼、章鱼、虾蟹等。是时，渔民普遍集资增置渔船。蛇口渔一村除原有折价由渔民联产承包外，渔民还集资购置拖虾、刺钓等渔船投入海洋捕鱼。

1990年12月，农业部认定蛇口渔港为一级渔港。1991年，市政府决定兴建蛇口渔港。1991年11月，南山区政府召开远洋渔业专题会议，区农业局成立专项小组，召开省、市专家座谈会，拟定发展远洋渔业可行性报告，确定远洋渔业为"菜篮子"工程的重要内容。1992年1月，南山区农业局、蛇口街道、蛇口渔一村三方组成远洋渔业筹备办公室，以蛇口渔一村为基础，试办远洋渔业船队。

1993年12月，市政府又召开蛇口渔港改造工程领导小组会议，通过蛇口渔港总体发展规划，确定造地6公顷，用于修建滨海公路和海鲜一条街。1994年4月，蛇口渔港首期工程动工。1997年5月，投资8400万元的第一期工程南防波堤、渔港基地护岸、作业码头、围堤造地13公顷基本竣工，初步形成渔港避风屏障。年底，第二期工程开工，至2003年，蛇口渔港面积57万平方米，其中港池水域34万平方米，陆域基地13万平方米，有码头护岸1398米，海产品交易市场4.8万平方米。此外，配套供电站、冷

2003年的蛇口街道全貌

库等设施一应俱全。可供1200多艘渔船停泊和避风、100艘大型渔船同时作业。经常进出蛇口渔港的渔船除本地渔一村、渔二村的渔船111艘外，还有流动渔船360多艘，番禺、东莞、中山等外地渔船常进港交售鱼货，设有活鲜海产交易栏，海产品销往珠江三角洲、粤东等地，年内冰鲜鱼交易量18万吨，居广东省沿海同类渔港产品交易量第二位。

随着改革开放的发展，蛇口渔港周边的环境发生了天翻地覆的变化。栋栋高楼拔地擎天，与彩云相接；排排绿树浓荫匝地，挽欢乐同行。开阔宽敞的海滨休闲带从渔港前穿过，右接海上世界、女娲补天，左连深圳湾大桥、海滨公园，形成一条美丽的风光走廊。渔港内帆樯林立,彩旗飘飘;海面上,巨轮穿梭、游艇飞驰。海滨栈道上,大人与孩子在此休闲、踱步、奔跑、骑行、玩耍。金色的夕阳把一片余晖洒向渔港帆樯、千栋楼群,变幻成一幅美丽、祥和、欢乐、幸福的滨海图景。

"你们有谁去过夏威夷吗?蛇口,美得就像夏威夷一样!"1978年当袁庚站在蛇口六湾的土地上向远来参加特区建设的人们介绍情况时,就这样说过。

今天,这里果然就是中国的夏威夷。

今日蛇口渔港

第十二章　深圳湾跨海大桥

　　红日东升，朝霞灿烂。伶仃洋清波细语，深圳湾风情万种。在深圳蛇口与香港元朗之间宽阔的海面上，一桥飞架的钢铁长龙，宛如长虹卧波，壮观雄伟；又如山海间一双长长的坚实手臂，把深港两地牢牢地拉在一起，难分难离。这里，正是深圳湾跨海大桥。

　　深圳湾大桥（Shenzhen Bay Bridge），原称深圳湾公路大桥，是中国境内一座连接深圳与香港的跨海大桥，位于伶仃洋深圳湾之上，为深港西部通道的组成部分。它北起深圳市深圳湾口岸，上跨伶仃洋深圳湾，南至香港特别行政区10号干线公路；是一座连接深圳蛇口东角头和香港元朗鳌磡石的公路大桥，线路全长5545米；桥面为双向六车道高速公路，设计速度100千米/小时；工程项目投资7.8亿元人民币。

　　为什么要建西部通道？一系列理由可以说明。对深圳而言，接近40%的过境车辆分布在西部，而当时现有的三个公路口岸都在中部和东部,开往西部的车辆必须绕行,大大降低了通关效率,增大了市区污染。对珠三角而言,在前店后厂的经济格局下,珠三角与香港现有的交通运输通道已捉襟见肘。建设西部通道可以增强口岸通行能力。同时,它不仅是深港西部通道,还是连接深圳与香港的大型跨界基建工程,更是国家国道主干线同三线和天津——南京——香港公路大动脉的重要组成部分。它直接连接沿江高速公路。

深圳湾大桥于2003年8月28日动工建设,2006年1月20日完成合龙,2007年7月1日建成通车,全长5545米,其中深圳侧桥长2040米,香港段长

2003年8月28日,深港西部通道工程开工奠基典礼

2006年年底,深港西部通道深圳湾公路大桥首次亮起华灯

3505米,桥面宽38.6米,全桥的桩柱共457支,共12对斜拉索,呈不对称布置,独塔单索面钢箱梁斜拉桥,为当时国内最宽、标准最高的公路大桥。

大桥设南、北两个通航口,采用主跨为210米和180米独塔钢梁斜拉桥方案。非通航孔采用75米跨等截面箱梁。为改善行车条件,增加大桥景观效果,桥轴线平面采用S形。站在深圳一侧隔海望去,一座银色通道蜿蜒逶迤飞架海上,阳光下耸立的斜拉桥熠熠生辉,象征着深港两地紧密握手。

若从高处鸟瞰,只见略显S形的大桥蜿蜒跨过海面，如同一条巨龙跨越天海相接。西部通道的走线有直也有弯，甚具流线型。通道的走线有少许弯度，设计上不仅可让司乘人员中途欣赏斜拉桥的美态，还有助于大桥本身和司机行车的安全。

通道上两座塔高近140米的斜拉桥的桥塔互相仰向对方，形态犹如两座桥塔互相牵引各自的高架引道，至中间的深港分界线，象征着两地人民热切渴望能更加紧密地团结起来。

深圳湾公路大桥虽然由深港两地政府共同投资，但在桥面宽度、行车道宽度、路面横坡等方面，深港双方均有严格统一的技术标准，因此大桥实际上就是一个整体，连接部分没有任何痕迹，外部造型和桥梁结构完全一致。

深圳湾大桥换道立交桥在海上作业，其显著特点是"急、难、险、重"。在无现成海上施工经验和施工设备的情况下，深圳湾大桥项目部全体员工科学组织、精心施工，先后攻克了钢护筒下沉，钢板桩围堰淤泥反涌，高性能混凝土（120年寿命）远距离输送（距离600米），海上现浇梁支架施工，冲孔桩漏浆严重成孔困难等技术难题，圆满完成主体工程任务，受到了广大市民的好评。

连接深港两地的西部通道在 2007 年 7 月 1 日通车

整个深圳湾口岸于 2007 年 7 月 1 日投入使用后，深港两地只有 10 到 15 分钟的车程。其中深圳湾口岸是国内首次采用深港联合的"一地两检"查验模式的口岸，建成后成为我国最大的陆路口岸，也是世界上同类口岸中最大的现代化智能化口岸。

承担施工任务的中铁工程四局等单位，组织精兵强将和精良设备，克服了大跨度、等截面箱梁预制、悬拼线型、梁节胶拼、真空压浆等技术难题和海上高空作业安全隐患大等困难，创下日胶拼 16 片梁、周胶拼 63 片梁的良好成绩，更创下单幅桥面吊机日完成 6 片梁，刷新国内同类架桥最高纪录。

深圳湾公路大桥地处深圳湾内海，在深港两侧各有红树林自然保护区和米埔自然保护区，以货柜车为主的车流势必影响各种生物及居民。技术人员在设计及施工时就采取有效措施，确保整个工程对环境的影响控制在合理范围内。

深圳湾大桥的桥面设计采用吸音、减震、吸尘、自动清污的设计，大桥上采用隔音板、隔音墙。在口岸（监管区）四周，种植了大批高大的乔木，形成宽约百米的绿化带。

西部通道建成后，成为一条名副其实的"环保通道"，环保设计还贯穿于诸多细节。例如，大桥斜拉索

深圳湾跨海大桥

为防止飞鸟误撞,选择银灰色;考虑到桥面水流冲下浅滩可能给浅滩生物带来影响,建设者采用排水管,集中排入海面以下;深圳侧接线工程采用全封闭下沉式道路,即在现有的东滨路地下挖开窗隧道,货柜车从深圳"沉地""擦边"直接进入107国道和广深高速公路;建设消防、通信、噪声控制、结构健康监测、路面防滑等系统。整条道路风光秀美,环境优雅。

深圳湾跨海大桥为连接深圳与香港两地的深港西部通道主体工程,是继罗湖、皇岗和沙头角之后第4条跨境通道,连接深圳蛇口与香港元朗,为当时我国公路干线网中唯一与香港连接的高速公路大桥,也是广东沿江高速公路的咽喉。人桥通车后广州—香港距离缩至百公里内。

驾车从广州黄埔区笔村(接东二环高速),沿途经过南岗,跨过东江,随后经过东莞麻涌、泗盛、穗隆、新湾,走完全长90余公里的沿江高速,到达深圳市南山区前海开发区,进入西部通道深圳侧接线隧道,迈上5公里多长的深圳湾公路大桥,一路过山连海,没有红灯,一顿早茶的工夫就可抵港。

说话间,我们在深圳湾滨海公园休闲带徜徉,只见一辆辆满载旅客的游览大巴、各类车辆从蛇口东角头这边徐徐驶上深圳湾大桥,而从香港方面开来的汽车也一排排鱼贯而入,交织成一幅美丽的图景。如果你把照相机的景深放大,把周边休闲带上熙来攘往的人群,鲜花盛开的草地,甚至孩子们欢乐的笑脸,都收入镜头,那该是一幅多么漂亮的画面啊!

我在一个以"深圳湾大桥"为主题的摄影展上,看到了许多色彩斑斓的照片。真想在每一帧照片上面题上一首诗:

是清晨的旭日突破云层的阻扰,
要在深圳湾染出一条金光大道;
是傍晚的落霞沉入南海,
要让红树林引来天空更多的飞鸟。

长长的大桥伸出坚实的手臂,
把深港两地的友谊系得牢牢。
走失的孩子一旦被找回家来,
母亲就再不会让他离开自己的怀抱!

第十三章 风雨伶仃洋

风,呼啸着,怒号着,肆无忌惮地在洋面上撒野;雨,鞭笞着,泼洒着,把船顶上的雨棚打得噼啪作响。一艘从官富场驶往崖山的官船在凄风苦雨的伶仃洋(即零丁洋)上漂流着。尽管左右有元军将领张弘范派来的兵士严格看管着,衣履单薄的文天祥对此仍不屑一顾,斜倚着船舱,兀自眺望着海天混沌、波翻浪卷的南海。也许他又想起了家乡万安赣江边那个水流湍急、行船过此无不惊心动魄的惶恐滩?也许他又忆起为挽救南宋王室起兵勤王、折冲樽俎却又干戈寥落的艰难时日……总之,他的心早已随着那条船在汪洋中沉浮、颠簸,在人生的大潮中历练得更加沉稳、坚定。

此时,正是风雨飘摇的南宋王朝祥兴二年(1279)正月初九的早晨。

整整两年前,强大的元军攻城略地,长驱直入占领临安。南宋太后、皇帝被俘后，元军又直逼福建汀州。立志报国的文天祥强忍妻儿被俘之仇、国破家亡之恨，率残部左冲右突，好不容易进驻循州（今广东龙川），屯兵南岭。不料次年端宗病亡，年仅八岁的赵昺被扶上皇位，瞬即又身陷元军的包围之中。祥兴元年（1278）十二月，文天祥撤离到海丰。一日正在五坡岭埋锅造饭，元军如潮涌来，宋军猝不及防。身患眼疾的文天祥仓皇应战，最后被元军抓获，押往崖山。

面对张弘范许以"官、禄、德"的威逼利诱，文天祥拒不下跪，听闻元朝"只要投降即以丞相相待"的许诺，也毫无所动。伶仃洋的波涛此刻在他的心际卷起的浩茫心事，是一个立志报效朝廷却又身陷囹圄的爱国志士的空自悲叹，是一个有心杀贼却无力回天的坦荡忠臣的国恨家仇。万千感慨涌上心头，人世沧桑凝于笔端：

辛苦遭逢起一经，干戈寥落四周星。

山河破碎风飘絮，身世浮沉雨打萍。

惶恐滩头说惶恐，零丁洋里叹零丁。

人生自古谁无死，留取丹心照汗青。

这震古烁今、掷地金声的千古绝唱，从此真如诗

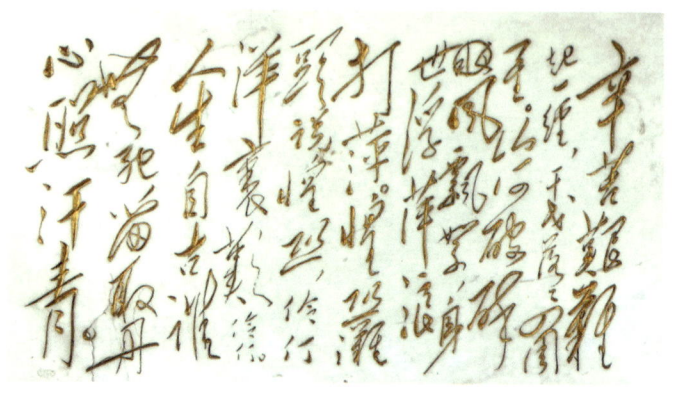

毛泽东手书文天祥《过零丁洋》

中所言,永远与文天祥的名字一起,镌刻在中华民族的浩浩史册、皇皇卷帙中,永远回荡在后代子孙心灵的回音壁里。而伶仃洋,也永远成了深圳历史上一个被无数人怀念、铭记的地方。

伶仃洋又称零丁洋、珠江口,位于中国广东省珠江口外,为一喇叭形河口湾。"零丁山在赤湾海中,宋文天祥有诗云零丁洋里叹零丁即此。"(《新安县志》)。其范围北起虎门,口宽约4000米,南达香港、澳门,宽约65千米,水域面积约2100平方千米。东由深圳市蛇口赤湾,经内伶仃岛,西到珠海市淇澳岛一线以北为内伶仃洋,水域面积1041平方千米。伶仃洋是珠江最大的喇叭形河口湾,属弱潮河口,潮型为不规则半日混合潮。在其周边有深圳市、珠海市、广州市、东莞市、中山市以及香港和澳门等经济发达地区，地理位置十分重要。

诗成惊天地，语就泣鬼神。无怪乎张弘范第二日要文天祥交劝降书，他以《过零丁洋》诗作答时，连张弘范都连称"好诗！"

拒不投降的文天祥被押往崖山之日，正是宋军孤旅张世杰、陆秀夫冒死护送南宋小皇帝赵昺突围之时。然而面对元军大兵压境、危如累卵的困顿局面，张世杰率残部作战失败，溺水而亡；陆秀夫宁死不做阶下囚，负帝蹈海，葬身波涛之中。这一切，囚于元军船上的文天祥都看到了，听到了。此刻，他的悲愤郁结于胸，忧患缠绕于心。他仰天长叹，叹自己忠心护卫的王朝终随潮汐淹去；他凭栏而泣，泣自己一生奋斗的理想终至化作流水而亡。撕肝裂胆之痛，写在他毫无任何遮掩的一张泪脸上。

经过伶仃洋上血雨腥风的一幕，文天祥的心更加坚如磐石。崖山战事结束，张弘范只好又把文天祥押回广州。

从崖山至广州，水路须先出崖门，经黄茅海、南海，然后进入伶仃洋北上。这是文天祥第二次过伶仃洋。此刻,他矢志倾情的南宋王朝已不复存在。然而他"望帝春心托杜鹃",他心中珍藏的却永远是一片壮怀激烈的爱国之心。

斜倚船栏,遥望北方,文天祥又写下了《南海》一诗:

揭来南海上,人死乱如麻。

腥浪拍心碎,飙风吹鬓华。

一山还一水,无国又无家。

男子千年志,吾生未有涯。

一个"无国又无家"的亡民,纵然是"腥浪拍心碎",踌躇满志的他仍然是"男子千年志,吾生未有涯",这种救亡图存、壮心不已的决心,是何等的伟大与崇高!

文天祥两次在伶仃洋上唱响了忧国忧民、爱国爱乡的浩歌。这样忠君爱国、至死不变的功臣,当然不能见容于元朝统治者。在历经关押、绝食、酷刑等三年时间后,文天祥高唱着《正气歌》,在北京柴市面南而拜,引颈就刑,时年四十七岁。

文天祥牺牲后,他的家人为避免杀身牵连之祸,四处隐匿。其中一支便来到了他为之吟唱的伶仃洋畔的南山、宝安一带。位于南头古城内九街的"信国公

南头古城内的信国公文氏祠

中山公园内的文天祥雕像

文氏祠",便是他的后人所建。这里除陈列有文天祥生平事迹展览,更有毛泽东手书文天祥《过零丁洋》诗、文徵明书《正气歌》、孙中山书《乾坤正气》等诸多石刻。他们把文天祥不屈的民族气节和不朽精神都铸进了千古丰碑之中。

信国公文氏祠,又称文天祥祠。始建年代不详,清嘉庆二十四年(1819)重修。祠堂占地600平方米,为三进三开间二天井布局,原主殿挂有文天祥像。整座建筑保存尚好。现为深圳市级文物保护单位。

"一死倍饴甘千古民心同不死,瓣香逾鼎享终天人节尽馨香。"伶仃洋,文天祥为你而哭泣;文天祥,中国人为你而骄傲!

第十四章
蛇口，那一片湛蓝的海

太阳，把千万斛珍珠似的阳光泼洒在湛蓝的海面上；波涛，积聚着千万吨膂力一阵阵扑向岸边的沙滩。汹涌地冲上去，又喘息着退下来，周而复始，年复一年。只是旧时的堤岸已不复存在，随着岁月的嬗递，往日"静听扣舷渔歌歇，满滩明月晒银沙"（清 黄成元《赤湾晚眺》）的悠闲自在与野旷无物消失得无影无踪，代之而起的是港口边坚实的防浪堤以及港区栋栋密集伟岸的高楼、耸入云天的龙门塔吊，勾勒出一幅新时代港区的城市风情画。

不知道这地方为什么叫蛇口。在一般人心目中，蛇是种丑恶的动物。在《圣经》里，亚当和夏娃就是受了蛇的诱惑偷吃禁果，才被上帝赶出了伊甸园。而《伊索寓言》中的《农夫与蛇》，蛇更是背信弃义、忘恩负义的代名词。但蛇口人却对自己脚下这块生于斯长于斯的土地安之若素,格外钟情。老辈人说,古时氏族就是以蛇为图腾,"女娲人首蛇身"(王逸《楚辞·天问注》)。蛇的弯曲委婉,蛇的蜕皮卸装,都曾作为多谋善变而被人称道。不然,现今矗立在蛇口半岛顶端那一尊巨大的人头蛇身的女娲塑像,何以总被旅人青睐而频频留影?何以她总是背倚南山面向大海,守护着她身后的子民?

正如改革开放前人们不太熟悉深圳一样,名不见经传的蛇口更不足为外人道。然而自从那位历史老人在"中国的南海边画了一个圈",深圳腾起阵阵春潮后,蛇口的名声大震,同时我们才知道蛇口外面的那一片海域就叫伶仃洋。而伶仃洋就是南宋著名将领文天祥当年咏叹"惶恐滩头说惶恐,零丁洋里叹零丁。人生自古谁无死,留取丹心照汗青""望南海壮士抒怀,对长天英雄浩歌"的地方。这字字血声声泪的千古绝唱,一直回响在中华民族的典籍里,回响在后代子孙心灵的回音壁中,千载相传,万世不绝。

就在文天祥兵败被俘、于凄风苦雨中被元军押解漂渡伶仃洋的同时,蛇口那一片辽阔的海域还见证了南宋名臣陆秀夫负帝蹈海殉国、一代王朝凄然落幕的悲剧。

第十四章 蛇口，那一片湛蓝的海 ■ 093

文天祥像

公元 1279 年，风雨飘摇的南宋王朝在历经苟且偷安忍辱求全的临安陷落，退守温州，旧臣陆秀夫、张世杰等护送皇室幼裔赵昺逃往海上。广东崖山的南宋政权早已危如累卵。二月初元兵南北夹攻，宋军大溃。丞相陆秀夫恐少帝被俘受辱，亲自背上九岁的少帝赵昺蹈海殉国。后来少帝的尸首飘于蛇口附近的海面，渔民们把他捞上来葬于赤湾。一抔黄土的少帝墓终于给南宋的覆没画上了一个凄惨而苍凉的句号，也给后代祭祀英灵留下了一炷永远燃烧不尽的香烛。

"逝者如斯夫，不舍昼夜。"蛇口的波涛推涌着、翻卷着，日夜不停。然而，这一面巨大的海之镜，不仅映照过文天祥悲壮的行吟，宋少帝蹈海的屈辱，也映照过汪铉抗葡的壮举，林则徐抗英的篇章。

明正德年间，坐扼珠江口的蛇口赤湾一带由于其"虎门之外卫、广州之屏藩"的地理位置，早已引起葡萄牙殖民者的觊觎。他们在想方设法"租借"澳门占据屯门后，又不断骚扰东南沿海一带，企图对中国进行海盗式的掠夺。当时奉命驻守南头的广东巡视海道副使汪铉组织率领军民"亲冒风涛，指授方策，号召岛民，率以大义，战而捷之"（《新安县志》）。这一次海战，汪铉调集了五十艘战船，四千名兵勇，运用

"孔明借东风，周瑜用火攻"的计谋，把葡萄牙侵略者打得丢盔弃甲，落花流水。南中国海的上空，奏响了中华民族抗击外族入侵的第一曲凯歌。

时序推移三百多年后，另一个更大的殖民国家英国凭借着船坚炮利和鸦片毒品，又一次轰开了中国南部的海岸线。清道光十九年（1839）初，钦差大臣林则徐身负重任，前来广东整顿海防，查办鸦片事件。他一到广州，便雷厉风行地禁烟，勒令英商及其他不法商人交出鸦片200多万斤，集中于虎门全部焚毁。同年九月，恼羞成怒的英国驻华商务监督义律率领5艘兵船以索讨食物为名，于蛇口附近的九龙海面突然向我水师巡逻船开炮。镇守鹏湾的参将赖恩爵不畏敌势强大，不惧炮火凶猛，勇敢地与其展开对攻战。其时，新安知县梁星源也率乡勇前来增援。双方激战5小时后，英勇的广东水师把损兵折将的义律逼回了尖沙咀。两个月后，双方在蛇口附近的穿鼻洋又一次猛烈交火，林则徐、关天培麾下的水师提标、左营游击麦廷章率兵连连发炮，将英军巨舰"士密号"的后楼与舱口打穿，英舰帆斜旗垮，落荒而逃。

其时，筑于蛇口赤湾成掎角之势的左右炮台，在保卫南疆的战斗中发挥了积极的作用。它像踞守在

关天培像

汪鋐像

林则徐像

珠江口外的两只雄狮，虎视眈眈地巡视于海面，不让侵略者任何一丝风樯帆影污染了祖国湛蓝的海域。如今，矗立于赤湾左炮台的林则徐铜像，仍然花翎顶戴，披肩飘拂，手执单筒望远镜面南而立，注视着波涛滚滚的伶仃洋面。任天翻地覆沧桑巨变，岁月不居换了人间，他依然不肯解下身上的佩剑……

南国的土地花开花落，南海的涛声日夜鸣响，蛇口外那一片湛蓝的海域，就像摇动着千万顷玉液琼浆，吸纳着世居于此的人们驾船出海，捕鱼捞蟹，种蛎养蚝，也鼓舞着人们扬帆鼓浪，舟接四海，五洲经商。尽管历史上曾有过殖民者海盗式的袭扰、偷猎者贪婪的枪声，但国人通过这条波光粼粼的水道，走出中国、走向世界的步伐千百年来何曾停止！看今日的蛇口码头塔吊林立，热闹非凡；听繁忙的赤湾港口汽笛长鸣，百舸争流。中国改革开放的巨轮已经驶入风云际会的国际舞台，去搏击更大的风浪，去迎接更大的挑战。

"长风破浪会有时，直挂云帆济沧海"，这是历史对航海者的永久祝福。

第十五章 赤湾天后宫

赤湾天后宫，亦称赤湾天后庙，也叫天后博物馆，坐落在广东省深圳市南山区赤湾村旁小南山下，倚山傍海，风光秀丽。其创建远溯宋代，营造气势宏伟，明、清两朝多次修葺，规模日盛。明永乐初年，三宝太监郑和奉明成祖朱棣之命，率领舟师远下西洋，开创海上"丝绸之路"，而赤湾天后宫为其重要一站。

嘉庆《新安县志》载："新安赤湾天后庙为省会藩篱之地，扼外洋要害之冲，护卫虎门、澳门以作保障；汇东北诸海以为归宿。外而占城、爪哇、真腊、三佛齐。番舶来贶，莫不经由于此，然后就岸。望海若而朝宗，荷慈航之普渡，功施丕著，中外蒙庥。往岁盗贼披猖，蔓延滨海郡邑。制府百、都督童，秉钺南来，命师剿捕。维时驻辖赤湾，舟船成市，车骑如流。官弁稽首，祷祀于后。将事之日，乘风克敌，转舵登陴，士无伤残，民无瘴疠，守御三年，皆各安堵

赤湾天后宫

如故。惟神助顺,惟帝庸功。"

以天后宫为中心的"赤湾胜概"是明清时期"新安八景"中的第一景。康熙《新安县志》记载:"赤湾胜概,在南山之南,势耸丽,开展两翼,盘护葱郁,天妃宫殿在焉;前临海,洪涛万顷,一望无际,零仃数峰,壁立海中,为之屏案,海外奇观矣。天妃神甚灵应,船经此,必祷祠之。"

赤湾天后宫鼎盛时期,有数十处建筑一百二十余间房屋,占地九百余亩。其殿宇巍峨壮丽,庙貌气象万千,是中国沿海地区最大的拥有九十九道门的天后宫庙，也是深圳历史上最负盛誉的人文景观。在我国港澳台地区及东南亚各国久享盛誉。

明清以降，多有描绘、抒写赤湾天后宫的诗词。明代王士龙的七律《赤湾》：

海上群山控海门，古祠钟鼓自晨昏。

诸彝贡篚南溟阔，万国舆图北极尊。

日照琼珠明岛外，风生麟角起云根。

胜游此地心逾壮，漫倚青萍看斗文。

南山赤湾，自古为海防形胜；天后古祠，晨昏听暮鼓晓钟。这首诗形象生动地描绘了赤湾南控海门、舟通四海、万国来朝、北极为尊的重要地理位置，表达了作为一个南山人胜地一游、爱我河山的自豪感。

清代诗人袁嘉言所作《赤湾谒天后庙》：

庙貌光同日月昭，伶仃横锁海门潮。

云随仙佩归金阙，雾锁灵旗下碧霄。

岛外鲸鲵沉浊浪，空中鸾鹤舞回飙。

即今万国柔怀日，重译都来奠酒椒。

这是一首拜谒赤湾天后宫的七律诗。它形象生动，画面丰富，对仗工整，音韵悠扬。从诗中可窥出当年赤湾天后宫古庙之盛况。

天后，又称天妃，天上圣母，民间俗称妈祖，原名

第十五章 赤湾天后宫

林默娘（960—987），是一千多年前生活在福建莆田湄洲湾畔的一位民间女子。相传她不仅美丽、善良，而且聪明、勇敢，身为临海人家的女儿，自小学会了预知天气变化、驱邪治病、泅水航海的本领。她常在惊涛骇浪中救助遇难船舶，也常以草药济世救人扶助乡邻。她在一次海难救助行动中不幸牺牲，最后"羽化升天"，成为"神姑"。死后依然身着红衣，为往来船只导航。"传闻利泽至今在，千里危樯一信封"（宋黄公度诗），成为沿海百姓崇祀的海神。自宋以来的千百年间，天后的故事广为流传，信奉者日渐增多，香火经久不衰，究其原因，主要是人民群众对善力的崇敬。天后的信奉者们从早期的希冀救难扶危、保佑海上平安扩展到期望天后济世救难、庇民护国，并借天后信仰倡导同舟共济、救死扶伤、见义勇为、助人为乐和忘我无私的大无畏精神。

赤湾天后宫始建于宋代，据明朝天顺八年

天后宫内的《新建赤湾天妃庙后殿记》石碑

(1464)翰林院学士广州府事黄谏撰《新建赤湾天妃庙后殿记》中载:"三宝太监郑和奉明成祖朱棣之命,率领舟师。远下西洋,船队行至珠江口南山附近遇险,请祷天后。天后显灵,救助郑和。郑和归朝,复命奏上,奉旨遣副帅张源整修赤湾天后庙。"

面对着波翻浪卷、一碧万顷的伶仃洋,背倚着万木争春、葱茏翠绿的南山,千百年来,天后宫就这样静立于赤湾那一片平坦的滩涂上,静立于历史的风尘中,受纳着来自四面八方的百万信徒的参拜,受纳着宋元明清黎民百姓的奉祀。在悠远的时空栈道上,挤满了熙来攘往、步履匆忙的香客。

自宋以来,赤湾天后庙就是方圆百里妈祖信徒和大众来朝祭拜、游览的寺庙和景观。香港的鲁言先生在《香港掌故》第三集《赤湾天后古庙》一文中提及:"由于赤湾天后古庙宏伟,每年农历三月二十三日天后诞,港九水陆居民都前往赤湾天后庙去贺诞。因此,九龙油麻地、香港干诺道中的海旁,都有数以万计、挂满彩旗的船只到赤湾去。同时,上述两处地点也有很多临时营业的渡船,载客到赤湾天后庙去参拜。当时,人民称赤湾天后庙为大庙,热闹的情形一直维持到解放前夕。"

第十五章　赤湾天后宫　■　103

朝圣的人群抬着祭品，挑灯赶路，虔诚地来到赤湾天后宫祭拜天后

天后宫仪仗巡游

在现当代,赤湾天后宫曾有过两次永远抹不掉的"伤痛"。

1960年,深圳建设深圳水库时,拆用庙中琉璃瓦和木柱,庙舍因此而受破坏。此后又经"文化大革命",庙中文物荡然无存。

直到1992年5月,在中央有关领导的直接关怀下,赤湾天后宫得以修复。深圳市及南山区政府拨款按历史原貌修复天后庙,1995年竣工对外开放。1997年经省、市主管部门批准成立深圳市南山天后博物馆,成为当时深圳市八大博物馆之一。

赤湾天后宫新门

第十六章 "辞沙"祭妈祖大典

赤湾天后宫位于深圳市南山区赤湾港,它西濒珠江口,北倚大南山,南面伶仃洋,与香港、澳门隔海相望。赤湾在历史上是一个可停泊上千艘渔船的天然良港,明代以来便是船队由珠江口出发驶向外洋,或是自外洋归来时的重要驻泊地。

赤湾是官府船舶出使外国的必经之地,也是"海上丝绸之路"的重要商埠。明代《皇明海防纂要》称赤湾"扼外洋要害之冲",清代嘉庆《新安县志》更是详细记载:新安(今深圳)赤湾天后庙为省会藩篱之地,扼外洋要害之冲——占城、爪哇、真腊、三佛齐,番舶来熙,莫不经由于此……说明赤湾是古代海上交通的重要门户。

坐落在广东省深圳市南山区赤湾村旁小南山下的赤湾天后宫,不仅因建筑年代久远、敕封修建、规模宏大、宫阙壮伟、香火隆盛著称于世,更以拜庙、祈神、玩狮、舞龙、辞沙、送海等诸多民俗活动吸引万众来仪。其中，"辞沙"祭妈祖大典就是最独特、最典型的，并为赤湾天后宫特有的一项传统民俗文化活动。

"辞沙"祭妈祖大典（以下简称"辞沙"）是明代以来朝廷官员率船队出使各国之前，在赤湾天后庙和庙前沙滩上举行的祭拜天后（妈祖）、祭海神活动，同时也是为船队壮行的重要官方仪典。所谓"辞沙"，即为辞别沙滩，驶向茫茫大海，去开辟生产、渔猎、商务、国事的新领域。从明代开始，凡在赤湾过往的

古代辞沙图

渔民或出使各国的朝廷官员都要停船靠岸，到天后庙进香，以大礼祈神保佑，以求出海平安顺利。他们将猪、牛、羊的肚子挖空，填上草，放在海边沙滩上祭拜妈祖，祭拜完毕将牲口沉入海底。这一习俗，历经500多年，中途因填海原因，将祭祀活动由沙滩移至宫庙，除不再将猪、牛、羊沉入海底以外，其他习俗一直保持至现在。活动时间一般在农历三月二十三日（天后诞）和秋天举行，寄托劳动人民对美好生活的祈求。

嘉庆《新安县志》载：明翰林院学士广州府事黄谏在其《新建赤湾

三牲祭品

"辞沙"祭典，虔诚的信众

身披红衣的主祭们

将三牲祭品倒入海中，呈送海神

天妃庙后殿记》记载："天妃行祠，海滨地皆有，而东莞则有二。一在县西百余里赤湾南山下，凡使外国者，具太牢祭于海岸沙上，故谓'辞沙'，太牢去肉留皮，以草实之，祭毕，沉于海。永乐初，中贵张公源使暹罗国，先祀天妃，得吉兆，然后辞沙。天妃旧有庙，公复建殿于旧庙东南，岁久岿然尚存。"

明末清初屈大均《广东新语》云："今粤人出入，率不乏祀海神，以海神渺茫不可知。凡渡海自番禺者，率祀祝融、天妃，自徐闻者，祀二伏波。祝融者，南海之君也。虞翻云，祝，大也。融，明也。南

古代海祭考略

海为太明之地，其神沐日浴月以开炎天，故曰祝融也。祠在扶胥江口，南控虎门，东溯汤谷，朝暾初出，辄见楼殿浮浮，如贝阙鲛宫，随潮下上。每当天地晦冥，鲸呿鳌掷，飓风起乎四方，雾雨迷其咫尺，舟中之人，涕泣呼号，皆愿少缓须臾之死以请于祝融。其声未干，忽已天日晴朗，飘行万里，如过衽席。而天妃神灵尤异，凡渡海卒遇怪风，哀号天妃，辄有一大鸟来止帆樯，少焉红光荧荧，绕舟数匝，花芬酷烈，而天妃降矣。其舟遂定得济，又必候验船灯，灯红则神降，青则否。其祠在新安赤湾，背南山，面大洋，大小零丁数峰，壁立为案，海上一大观也。凡济者必祷，谓之辞沙，以祠在沙上故云。"

后来，"辞沙"就成为经赤湾出海者启航前一项固定的隆重的仪式，绵延传承至今500多年。妈祖扶危济困、无私奉献的善行与见义勇为、护国庇民的情操，正是中华民族传统美德的集中体现，因而"辞沙"这一祭祀敬奉妈祖、祈祷平安康泰的民俗活动也传之久远。"东莞辞沙粤庙古昭顺济庙，南山驻跸赤湾潮接湄洲湾"，赤湾天后宫大门前这一副对联生动描写了赤湾建庙奉祀天后的史实。

"辞沙"祭妈祖大典程序繁杂且内容丰富。

辞沙程序

活动一般都要一连进行三天。届时,深圳、东莞、香港、汕头等地的信众、香客及广大游客都会前来天后宫中参拜、参观。大家先是摆设供品,抬起猪、牛、羊三牲,点上油灯香火、竖起"城隍",然后集体参拜妈祖、进行舞龙舞狮表演等。

献上猪羊,献上三牲,

献上我们虔诚的心愿。

缭绕的香烟飘在头顶,

呼啸的海涛响在耳边。

船队就要去扬帆远航,

在风浪里收获渔家的丰年。

善良的妈祖啊祥光普照,

请保佑我们一路平安……

人们唱着跳着，然后在南巫（广东人对法事主持人的称谓）班子奏响的音乐声中虔诚地祭拜妈祖，同时祈求妈祖保佑平安，给家人带来吉祥幸福。当一切礼仪完成之后，所有人员队伍又会抬起三牲、举起旗帜向海边沙滩走去，并登上轮船驶到海上，把三牲投入海洋祭奠妈祖。

"辞沙"祭妈祖大典是我国保存完好的祭拜妈祖的习俗。它体现了中国人尊重传统、缅怀先祖、承上启下、薪尽火传的优良品格。

2007年，赤湾天后宫的"辞沙"祭妈祖大典被列入深圳市首批非物质文化遗产名录。同年6月18日，又被广东省评为第二批省级非物质文化遗产项目，也是目前唯一有可能属于封建时代国家级的海洋祭祀仪式。

"辞沙"习俗的产生，与郑和下西洋有着密切关系。据史料记载，郑和下西洋曾在赤湾天后庙祭拜天后并"辞沙"，他远洋归来后即奏请明成祖朱棣敕建"赤湾天后庙"。

第十七章　赤湾宋少帝陵

茫茫华夏,知道赤湾这个弹丸之地的人实在太少。然而了解中国历史的人,都知道有个南宋王朝,都知道南宋最后一个皇帝赵昺(古之炳字)。他的墓就坐落在面临南海、背靠南山的蛇口赤湾村。

弯弯曲曲的公路就像一部坎坷婉转、风雨飘摇的南宋史,或浓或淡的花草树木一路陪伴你来到墓前,更增添凭吊的凄楚。

墓庐很小很小,小得使人不禁想起"一抔净土掩风流"的诗句。用三合土筑成的浑圆墓顶像一只倒扣的小碗,把南宋王朝的历史就这么草草凝固在这里;然而那围绕着墓室的用花岗石砌成的半圆墓庐却像一个丢失了另外一半的句号,始终不愿意画上一个终结的休止符。就连陵园入口处那尊陆秀夫负帝蹈海的石雕像,也出人意料地比一般塑像要小:陆秀夫一身铁甲,手按长剑,怀抱幼帝,目视前方,眉宇间充满着一股为国殉难、舍生忘死的凛然正气。而他背上的幼帝，却还是一个满脸稚气、少不更事的孩子。本来嘛，一个只有九岁的皇帝，一个尚在追蜂逐蝶玩耍嬉戏的儿童，你能让他承载多少沉重的国运，多少不测的风云？

陆秀夫负帝殉海像

墓庐虽小，但其气势仍不失墓主帝王身份。陵墓中央竖立一块石碑，正中镌刻着"大宋祥庆少帝之墓"。碑首刻一龙两蝠，顶上有一太阳浮雕。两侧为大字对联："黄裔

早年赤湾宋少帝陵旧照

于今延宋祀，赤湾长此巩皇陵。"少帝陵墓堂前是一块"拜谒石"，两侧各立一个抱鼓石和一对石狮子。墓西侧有新修的《宋少帝与宋少帝陵》长篇刻石。墓东侧有一块两米多高的《宋帝昺陵墓碑记》，为篆体阴文，乃著名学者商承祚先生所书。碑背面有书法家

商承祚先生撰文的《宋帝昺陵墓碑记》

秦咢生书"崖海潜龙,赤湾延帝"八个大字及题诗一首:"南渡兴亡世几更,算来我亦赵家甥。江山今换人民主,史迹犹存宋王名。"

一块碑,一首诗,记录着一段悲壮的史话。

南宋咸淳十年（1274），昏庸的度宗病死，权臣贾似道拥立年仅四岁的幼子赵㬎为帝，年号德祐。第二年，元兵攻入临安，帝㬎全家被俘，押送大都，南宋灭亡。帝㬎的异母哥哥赵昰（音"是"）和六岁的赵昺在大臣的护送下仓皇逃往海上。五月，大臣陆秀夫、张世杰等在福州拥立赵昰为帝，改元景炎，是为端宗。当时宋军尚有17万人，战船数千艘。因元军南下追迫，景炎二年（1277）四月，帝昰一行从福州乘船下泉州，走潮州，到达新安县官富场（今香港九龙）。后来，在元军的强势进攻下，帝昰迫不得已先后迁至虎门、碙洲（今硇洲岛）。次年四月，帝昰病逝，年仅十一岁。

尔后，张世杰、陆秀夫等拥立八岁的赵昺为帝，改元祥兴，以陆秀夫为相，张世杰为太傅，文天祥为太保，将行宫迁入新会崖山。八月，元世祖忽必烈以降将张弘范为都元帅，率水陆之师二万人南下追击宋军。十二月，文天祥在海丰县五坡岭被俘。元军趁机分水陆两路围攻崖山，并胁迫文天祥写投降书。面对叛徒的威胁利诱，文天祥以一首《过零丁洋》"人生自古谁无死，留取丹心照汗青"的绝唱，给千秋万代留下了不朽的人生咏叹。

其后,元军以封锁海口、断绝水源等各种招数削弱宋军兵力,并于1279年攻破宋军崖山防线。张世杰遭遇大风,溺亡海中。陆秀夫恐皇帝被俘受辱,先令妻子子女跳海自杀后,自己又亲自背上九岁的小皇帝蹈海殉国,以滔滔的南海谱写了一曲舍生取义的英雄壮歌。

关于这一段史实,元代《经世大典》中有详细记载:"诸将乘乱皆殊死战。自巳至申,声震天海,斩获几尽。宋端明殿学士陆秀夫,先沉妻子于水,登帝船曰官家事危矣,奈何。遂抱帝俱死于水……甲申浮水之尸十余万。有卒求物尸间,言见一尸,小而皙,衣黄衣,负印签曰:'诏书之宝。'取宝献弘范,弘范问宋人尹都统,曰帝也。又问近侍数人,皆以为然。求之已不得矣。"

关于陆秀夫蹈海殉国的传说,南山群众另有两种说法:一是《赵氏族谱·帝昺玉牒》记载:"后遗骸漂至赤湾,有群鸟飞遮其上。山下古寺老僧偶往海边巡视,忽见海中有遗骸飘荡,上有群鸟遮居,窃以异之,设法拯上,面色如生,服饰不似常人,知是帝骸,乃礼葬于本山麓之阳。"另有一说:某日赤湾海滩漂来一具身着黄袍龙衣的童尸,而赤湾海边天后庙

修葺一新的宋少帝陵

的一根栋梁却突然塌下，庙祝与乡绅父老急忙焚香问卦，方得知童尸为宋帝遗骸，塌下的栋梁乃是天后娘娘送给少帝做棺材的木料，百姓们于是礼葬少帝于天后庙西边小南山脚下。

正史也好，野史也罢，对于以上三种说法，都可姑妄存之，姑妄信之。因为它蕴含着人民群众对英烈威武不屈、以身殉国的高风亮节的崇敬，对投敌叛国、变节不忠的屈膝行为的蔑视。无论是忠臣良将，抑或只是几岁儿皇，只要你符合人民群众的精神期望和心灵寄托，人们就会修墓立碑，祭祀千年，供奉万代。

历史，就这样用翻滚不息的波涛淘洗出一个民族不死的精神。

第十八章　赤湾左炮台

赤湾左炮台位于"临海山梁扼三面之险"的蛇口半岛顶端，分东、西两侧钳制赤湾港，雄视伶仃洋面。炮台城基用大块花岗岩修砌，全高 3 米，北面是炮台城的入口，城内东西两厢，仍遗留两座房屋残基，是当年守炮台士兵的居屋。南面的高台宽 8 米多，是运用炮位的场地。

炮台位于南山区赤湾东村，挺立在海拔 170 米的鹰嘴山头。在左炮台的树丛中，掩映着一处哨站，据介绍，中华人民共和国成立之初，东南沿海诸岛还未得到解放，当时的部队就驻扎在赤湾天后宫里。左炮台三面临海，山势峻峭，只要站在鹰嘴山之巅，整个赤湾半岛尽收眼底，于是部队决定在这里设立哨所。哨所里有架体形硕大的望远镜，像不眠的眼睛，时刻警惕地注视着伶仃洋海面。当时战士晚上一般都是和着衣服睡觉，枪就放在身边，子弹是上了膛的。改革开放之初,赤湾左炮台仍被列入军事禁区。随着进一步改革开放,左炮台的军事战略地位逐步淡化。

历史沧桑,赤湾炮台现在只剩下左炮台保存完好,当地有关部门曾于1985年对炮台进行修复。左炮台坐北朝南,分台体和围墙两部分。围墙长26.2米,宽15.5米,高3.78米,台高4.5米,占地面积约400平方米。

1997年香港回归后这里便全部解禁。曾经发挥过重要作用的哨所,作为一段历史的见证被保留在鹰嘴山上。

昔日炮台大炮,今朝仍守国门

自古以来，赤湾地理位置重要，据史书记载，古代船舶往来广州与南洋诸国，皆经此地。

《新安县志》载："夫军政，莫急于边防；而边防，莫重于海徼。县治面俯大洋，如急水、佛堂、独鳌、小三门、大屿山诸隘，皆出海所必经也。其东则屯门、辋井，其西则鳌湾、茅洲，而南头一寨，则为虎门之外卫，即为省会之屏藩，尤为扼要。"而赤湾，上通虎门广州，下达远海五洲，正是外卫屏藩之地。

从明代起，官府已在赤湾附近的南山设置墩台以防海盗。

明嘉靖四十四年（1565），朝廷又在赤湾地域设水兵军寨"南头寨"。所辖汛营有六处：佛堂门、龙船湾（以上两处均在今香港境内）、洛格（今大鹏半岛）、大澳、浪淘湾、浪白（今中山市），东面与惠州碣石寨衔接，西面至香山地区。

赤湾炮台始建于康熙五十六年（1717）。当时福建提督杨琳调任广东巡抚。他主持修建沿海炮台、城垣、防地等军事设施共126处，其中炮台26处。赤湾炮台是其中之一，据记载，赤湾左、右炮台设兵数千名，生铁炮6位，另有12门大炮被称为"佛郎机"炮，是西式武器，其制法是北宋时由广州传入的。鸦

左炮台入口大门

赤湾左炮台简介

片战争期间，林则徐布防珠江口，曾重修赤湾炮台；广东水师提督关天培曾领兵在伶仃洋上击败英军；赤湾炮台曾为林则徐禁烟立下汗马功劳。

关于赤湾炮台的雄姿及其在历次反侵略战争中所起的作用，清乾隆六十年（1795）时任新安知县的袁嘉言曾有一首五律《南山炮台》予以生动描摹：

古寨压惊涛，升平备六韬。危楼鸣鼓角，峭壁画弓刀。

岛屿氛全敛，鱼龙静不嚣。南山山畔路，凛凛阵云高。

这首诗直言南山炮台的险峻地势与战略地位，以及将士们厉兵秣马、刻苦训练，随时准备痛击来犯之敌的宏伟气势与壮观景象。

"苟利国家生死以，岂因祸福避趋之"——为纪念民族英雄林则徐，为铭刻这段历史，为大力宣传爱国主义精神，1985年，适值林则徐200周年诞辰之际，深圳市政府在赤湾左炮台建造、竖立了一尊林则徐的铜像，铜像高3.2米，重1.8吨，是我国最大的一尊林则徐雕像。铜像由我国著名雕塑家唐大禧创作，大理石底座正面，是已故书法家赵朴初先生题写的"林则徐纪念像"，北面镌刻着谢华先生撰写的碑铭。

林则徐，这位伟大的爱国主义者，手持单筒望远镜，身佩长剑，凝视着波涛滚滚的伶仃洋，目光炯炯。人们到此，莫不抬头仰望，敬仰观瞻，思念如潮：但见伶仃洋外，万顷碧涛；炮台山下，浪急风高。一身戎装，穿了近两百年；满身征程，未洗战袍。你就这样花翎顶戴站在这里凝望，凝眉蹙目仿佛要看穿八百里水域云烟缥缈。哪里是当年九龙湾鏖战的旧迹，哪里是当年穿鼻洋海战的水道？是不是还在怀想鏖战中牺牲的将士英魂？是不是还在嘲笑海战中英夷的遁逃？

"古寨压惊涛，升平备六韬。危楼鸣鼓角，峭壁画弓刀。岛屿气全敛，鱼龙静不嚣。南山山畔路，凛凛阵云高。"（清袁嘉言《南山炮台》）诗人的韵律与节奏，可合着你起伏的心潮？"六载固金汤，问何人忽坏长城，孤注空教躬尽瘁；双忠共坎壈，闻异类亦钦伟节，归魂相送面如生。"（林则徐挽关天培联）哭祭战友的诗文，不就是自己心声的写照？

喜今朝风烟散尽，看大洋帆樯正高。万吨巨轮出海，鸥鸟逐浪逍遥。绵延海疆筑钢铁长城，船坚炮利不再是梦中缥缈。祈万世和平是中华儿女的共同心愿，林大人，您尽可笑慰九泉，颂人间正道，中国正好！

1985年唐大禧创作的林则徐铜像

第十九章　蛇口国际学校

迎着晨光,

踏着朝霞,

唱着歌儿,

踩着浪花,

亨利露西,

我们一起走进学校,

让春风翻开那崭新的书夹……

每天,吃完早点,住在鲸山别墅、沿山小区及半岛各地的外籍家庭的孩子们便会三五相邀,到蛇口国际学校去上课,开始他们崭新的一天。

蛇口,是中国内地于 1979 年 7 月 8 日破土开建的第一个出口加工工业区,在它炸响被称为"中国改革开放的开山第一炮"时,就注定了它不凡的发展。当初那个近乎凋敝的蛇口,40 年后已蝶变为拥有 40 万人口,地区生产总值超过 1200 亿元的滨海新城。

随着城市的发展，建设的需要，大量外国科学技术人才、管理人才进入，时至今日，蛇口已有超过3000个外籍家庭，被称为"万国之城"。

随着外籍家庭的增多，外籍孩子的学校教育自然也被提上议事日程。

深知此事并亲历蛇口国际学校办学历程的育才学校首任校长陈难先向我详述了蛇口国际学校兴学办校的过程。作为北京大学西语系毕业的高才生，在1983年育才学校成立时，他便出任校长。1984年，可容36个班的中学部新校舍落成，这便是现在的育才一中。到1988年，育才中学的学位还远远未满，教室和办公室多有闲

2002年蛇口国际学校高中部的学生、家长与老师们的合影

1988年蛇口国际学校初办时的四名学生

置。陈难先与国际学校的交往就从这个时候开始。

1988年，在蛇口设立机构的CACT、阿科、菲利普斯和阿莫科等四家外国石油公司联合创办蛇口国际学校，旨在解决外籍员工的孩子教育问题。蛇口工业区总办打电话给陈难先，希望他能给予支持。他立即从育才空余的办公区划拨，无偿为他们办学提供教学和办公场所。蛇口第一家国际学校就这么办起来了，办在育才学校中学部校园内。育才中学将教师办公区五楼一部分借给他们使用，对他们来说已经足够了，因为办学伊始蛇口国际学校的规模相当小，只有两位教师（一对老夫妇）、四名学生。在育才中学的学生

SIS——蛇口国际学校，一个快乐的集体

上课时，他们安排室外活动和休息，所以"校中校"的双方相安无事。

后来，随着学校的发展，生源的增多，学校又在蛇口碧涛中心南侧兰桂坊一带租赁了新址，并正式对外亮出了"蛇口国际学校"（Shekou International School，简称SIS）的招牌。十来年下来，SIS已成为广东省珠三角建校最早、学生最多的一所国际学校。

1996—1998年间，陈难先出任蛇口工业区南海石油办公室主任，与中外石油公司打交道，为他们提供无偿和有偿两类服务。这个时期他和SIS的交往更多了。其时学校已由兰桂坊迁至鲸山别墅内，学生增加了许多，场地又狭窄，一副NBA的篮球架只能安放在半个篮球场上，无法满足学校的最低要求。招商地产公司为支持学校扩大教学用地，将校区内的一条山涧铺管填平，改建成一个小型运动场，得到了学校的高度赞赏。

蛇口国际学校创建在改革开放早期，许多新政策尚未出台，当然也没有《社会力量办学条例》。其后，为取得国家有关部门正式批准，陈难先多次到广东省教育厅并延请有关领导实地视察，办学申请正式启动，进入程序。省教育厅对SIS十分重视，很快将申请文件上报教育部，并顺利地获得批准。SIS成为深圳市第一家合法注册的国际学校。

自1988年建校，至2007年11月，SIS的学生总数已超过500名。2002年，石油公司股东将蛇口国际学校交给了美国ISS——这是一家管理全球200多所

2012年蛇口国际学校校长Dale Cox与学生的合影

国际学校的专业服务机构。招生人数迅速增加之后，学校中学部迁至凭海临风的南海玫瑰园，学生们在教室里就可以听到潮水澎湃的声音。自此，蛇口国际学校幼儿部、小学部、法语及德语部都位于深圳市南山区南海大道鲸山别墅内，初中、高中部位于南山区望海路南海玫瑰花园二期。学校有来自15个国家的近145名教职员工。SIS的许多海外雇员来自北美，还有来自新西兰、澳大利亚和欧洲的经验丰富的老师。超过三分之二的教师拥有硕士或以上学历。教学人员在其任职范围内具有高素质，甚至专家水平。

科爱赛（蛇口）国际学校（QSI）是蛇口地区第二所为在华外籍人士子女服务的学校。陈难先与这所学校的关系也是从建校伊始就建立的，而且他本人更是筹划引进这所学校的推动者之一。

时代进入了21世纪，在深圳和周边城市工作的外籍人士越来越多，外籍人士的结构呈多样化，他们对子女入学的要求也呈多样化。例如：以汉语学习为重者，他们将子女送进附近公立学校；以母语学习为重者，为子女建起"日本人学校""韩国人学校"等；以英美学制为重，又有对学费高低的不同需求；等等。陈难先与有关人士在考察珠海的科爱赛国际学校后，下决心将其引进蛇口。

2002年，蛇口QSI国际学校在龟山别墅区租赁一栋别墅办起来了。开学非常低调，只有22名学生和家长出席开学典礼。QSI办学情况在外籍人士间口口相传，学生快速增加，不久办学场地从一栋别墅增加至三栋。陈难先为QSI租赁碧涛中心的场地做协调，最终促成签约、搬迁。QSI以全新的面貌出现在蛇口热闹的街区，学校集中在大楼的两个楼面上，办学条件有了明显改善。接下来若干学期，QSI逐步扩大。现在蛇口的科爱赛国际学校已是一座独具规模的国际学校。2004年蛇口QSI国际学校在校生很快达到200人，在QSI系统全部学校中学生总数名列第二，仅次于乌克兰基辅的QSI国际学校，第二年有望成为第一名。果然，2005年在校生超过300人大关，当上了"冠军"。学校的发展势头锐不可当，学生人数年年攀升，2007年上半年学生总数超过700人。教育部也正式批准了他们的注册。

此外，蛇口还有大小不等的英美国际学校、韩国国际学校、日本国际学校、贝赛斯国际学校等。更大规模的前海自贸区荟同国际学校正在筹备中。

2018年，蛇口国际学校的学生数量上升到近千人，生源从原来的石油公司外籍员工子弟变成了苹果、三星等全球科技企业的员工子弟。在过去30年，曾经有50多个国家和地区的上万名孩子在这里读书。蛇口已成为深圳市国际学校的集中地。

后 记

春节刚过的 2 月 12 日，我从新西兰旅游归来。行装未卸，家门未入，便接到一个朋友的电话，请我即刻赶到海天出版社开会。我只得匆匆前往，并领到了"深圳地标丛书"蛇口分册的写作任务。

记得前不久，我曾经为"湾区风来，歌唱时代"主题征歌活动创作过一首《家住南山》的歌词：

我家住在南山／南天风轻日暖／六月的荔枝甜透了中国／八月的龙眼结满了心愿

我家住在南山／南海破浪扬帆／开山的炮声录进了心田／春天的故事唱熟了秋天……

南山、蛇口于我，真是太熟悉不过。特别是蛇口，它就是中国改革开放一个最大的地标。"对始自 1979 年的中国改革而言，蛇口曾经具有极为神圣的象征意味，蛇口试验在 20 世纪 80 年代的中国改革开放事业中以其自身的非凡创造性与奇迹般的坚韧劳作，成为这一至少两代人参与的、极具风险与挑战性

的社会大事变的精神写照。"（李明《再造蛇口》）

1994年，我因工作调动，从内地"孔雀东南飞"，调入深圳南山。其间又多与蛇口工业区诸多部门联系接洽，亲身感受并感慨于这块"改革开放"试验场特有的精神风貌、特别的精神气质以及"蛇口人"特殊的敢为天下先的开拓进取之风，陆续写过一些文字，拍过一些照片。2018年是中国改革开放四十周年。蛇口因改革开放而生，因改革开放而兴，为此，招商局蛇口工业区出版了一套丛书，计有《蛇口，梦开始的地方》《时间的风景》等书。这些书生动而翔实地记录了蛇口的发展裂变轨迹及蛇口精神，为本书的写作提供了大量的参考资料。因此，我要向许永军、刘伟、狄浅、王钻、章晓霁、司秉军、罗亚平、狄爽、贺江、涂俏、严凌君、甘利英、卢晓丽、雷伟、颜凤迎、苏靖驹、蔡哲、徐巍、陈难先等同志表示深切的感谢。也要为积极提供照片的张新民、罗康林、陈宗浩、郭进、兰克、黄雪波、霍维新、杨展江等同志表示深切的感谢。书中的有些照片，或无署名，或来自网络，谨于此一并致谢。

彭庆元 2019 年 4 月 26 日于双韵书斋